재벌 회장들의 몸을
설계한 남자

최상위 0.001%의 은밀한 세계, 그 곁을 지킨 남자의 기록

Exclusive CEO Trainer

재벌 회장들의 몸을 설계한 남자

최상위 0.001%의 은밀한 세계, 그 곁을 지킨 남자의 기록

해준 지음

힘찬북스

목차

프롤로그:
지구상 가장 엄격한 곳에서 마주한 운명의 순간 …12

제1부. 그들의 세상, 금단의 문을 열다

Part 1 평범한 소년, 재벌가의 트레이너가 되다

꿈을 향한 첫 땀방울 낡은 도장에서 발견한 삶의 방향 …20
전문가를 넘어 완벽으로 노력으로 얻은 반전의 성장 …26
인생을 바꾼 한마디 호기심이 가져온 놀라운 기회 …32
100:1의 벽을 넘다 꿈의 문턱, 재벌의 세계로 입성 …35
- 내가 마주한 VVIP 전용공간의 조건
- 재벌가 전담 트레이너가 되는 법

Part 2 0.001%만의 절대 건강 관리 비밀

회장님의 그림자 아무도 몰랐던 전담 트레이너의 하루 …46
0.001% 맞춤 관리법 운동·식단·클린리셋 완전 공개 …53
출장부터 라이프스타일까지 숨은 건강 관리의 기술 …61
- 당신의 출장을 건강하게 만드는 체크리스트
재벌가(家) 건강 디자인 아무나 할 수 없는 특별한 임무 …69
- [VVIP도 따르는 건강 관리의 4가지 축] 진짜 좋은 루틴이란 무엇인가?
재벌 사모님들의 뷰티 & 헬스 시크릿 4인 4색 그녀들의 이야기 …76
- 첫 번째 이야기—드레스의 마법: 내가 본 사모님의 놀라운 변신
- 두 번째 이야기—철의 의지: B 사모님의 근력 철학과 디톡스
- 세 번째 이야기—마음의 길: C 사모님 보여준 몸과 정신의 조화
- 네 번째 이야기—변주의 예술: D 사모님과 함께한 다양성의 힘

【 트레이너가 제공하는 건강 디딤돌 】

1. 내 체형 자가 진단 가이드 ···120
2. 재벌가 전담 트레이너가 되는 법 ···122
3. CEO, VVIP 트레이너가 되기 위한 핵심 역량 가이드 ···124
4. 재벌의 건강 관리법 - 하루의 피로를 풀어주는 후두골 마사지 ···126
5. VVIP도 따르는 건강 관리의 4가지 축 ···129
6. 실전 적용 가이드: 회장님의 하루를 당신의 하루로 만드는 법 ···130
7. 당신의 출장을 건강하게 만드는 체크리스트 ···132

2부. 철저한 자기관리 설계도
작은 습관이 인생을 바꾼다

리더의 생존 공식 상위 0.1%만 지키는 3가지 원칙 ···136
지식은 무기다 움직이는 백과사전이 되기까지 ···140
• VVIP 트레이너의 지식 무기: 분야별 학습 가이드
체력 경영 무너지면 모든 것이 끝 ···147

3부. 재벌 홈트의 탄생과 초간단 운동법
0.001%의 루틴을 내 공간에서

회장님 홈트 비화 '제로 트레이닝'의 탄생 ···156
한계는 없다 창의적 해결로 만든 새로운 몸 ···166
실패에서 배우다 건강을 망치는 3가지 함정 ···170

【 트레이너가 제공하는 건강 디딤돌 】

8. 통증 유발점 '트리거 포인트' 해결 가이드 ···178
9. '제로 트레이닝'의 5가지 핵심 원칙 ···180
10. 따라 하기 : 오늘부터 시작하는 '제로 트레이닝' ···185
11. TODAY'S ACTION PLAN: '5분의 약속' 미니 트레이닝 ···188

4부. 직장인 건강 혁신 프로젝트
헬스장 없이도 건강하게

기업 헬스케어 도전 재벌식 루틴을 회사로 옮기다 …192
직장인 웰니스 공식 60일 만에 변화를 만든 실제 사례 …197
건강은 되찾는다 업무로 무너진 몸, 사무실 혁명 …207
헬스장 없는 전환점 오늘, 당신이 변화를 만드는 순간 …213

에필로그
몸을 바꾸면 인생이 바뀐다. 하지만 결국 사람이다. …218

에피소드

기막힌 확률, 벼락의 선택 …52
닭가슴살 셰이크, 회장님의 미각 도전기 …60
출장 수행 중 최악의 위기 …68
재벌 회장님의 뜻밖의 부업 …74
편지 속에 담긴 말하지 못한 이야기 …118

부록 1 · 재벌들의 건강 관리법

하루의 피로를 풀어주는 후두골 마사지 (본문 참조) …224
식단은 전략이다 회장님 건강 식단 대한민국 최초 공개 (본문 참조) …224
60일 클린리셋 프로그램 몸과 정신을 재탄생시키는 하루 설계 전략 …225
회장님 다이어트 간식 만들기 계란 카나페 …228
청소년 운동 완벽 가이드 재벌가에서도 실천하는 자녀 운동법 …230

부록 2 · 당신의 스타일, 그녀들의 스타일

당신은 어떤 스타일인가? 당신의 건강 관리 유형 찾기 …238
4인 4색 재벌가 사모님들의 건강 관리 스타일 완전 분석 …241
• 힙 핏 드레스 라인/ A 사모님 시크릿 프로젝트 4주~6주 가이드 …242
• 강철 체력 파워 UP/ 우아한 피지컬 비밀 4주 가이드 …247
• 몸과 마음의 힐링/ 균형 잡힌 웰니스 라이프 4주 가이드 …255
• 예술처럼 사는 몸/ 일상에 감각을 더하는 건강 디자인 4주 가이드 …263

부록3 · 내가 원하는 내 몸 만들기 프로젝트 가이드

드레스 프로젝트 가이드 …274
강철 몸 프로젝트 가이드 …280

재벌 회장들의 몸을 설계한 남자

최상위 0.001%의 은밀한 세계, 그 곁을 지킨 남자의 기록

 **프롤로그**

지구상 가장 엄격한 곳에서 마주한 운명의 순간

숨이 턱 막혔다.
심장이 빠르게 뛰었고,
등 뒤로 식은땀이 흘렀다.

엘리베이터 버튼을 누르는 내 손끝이 미세하게 떨렸다. 최상층으로 향하는 이 짧은 여정이 내 인생을 완전히 바꿔놓을 것이란 예감이 들었다. 문이 열리고 나를 맞이한 건 무거운 침묵이었다. 마치 시간이 멈춘 듯한 고요함 속에 긴장감만이 감돌았다. 이곳에서는 단 한 번의 실수가 치명적인 결과를 낳는다. 한순간의 방심, 미세한 표정 변화, 아주 작은 말 한마디조차 생존을 좌우할 수 있는 그런 곳이었다.

나는 대한민국 3대 재벌 회장의 전담 트레이너였다.

사람들은 내 직업을 알면 늘 똑같은 질문을 던졌다.
"도대체 재벌 회장님들은 어떻게 운동을 하나요?"

"그분들의 삶은 정말 우리가 상상하는 대로 화려한가요?"

나는 늘 조용히 웃으며 침묵했다. 이 세계에서는 침묵이 곧 규칙이었다. 감정을 드러내지 않고 불필요한 말은 하지 않는 것. 그것이 나름의 생존 법칙이었다.

'보지 말고, 듣지 말고, 말하지 말자.'

작은 말 한마디, 불필요한 몸짓 하나까지도 의미가 있을 수 있는 곳이었다. 하지만 나는 평범한 트레이너가 아니었다. 운동을 가르치는 것은 내 역할의 작은 일부에 불과했다. 그들의 건강을 책임졌고 수행원처럼 스케줄을 함께 움직였다. 때로는 예상치 못한 상황을 대비하는 비서가, 때로는 최상의 컨디션을 유지하는 몸 관리 전문가, 또 어떤 날은 심리 상담사처럼 그분들의 스트레스를 덜어주는 역할도 해야 했다. VVIP가 원한 것은 완벽한 몸이 아닌 균형 잡힌 일상이었다.

어느 날 그룹 회장님이 툭 던지듯 갑자기 물었다.

"염분이 세포로 흡수되는 원리를 설명해 봐."

순간 머리가 새하얘졌고 말문이 막혔다. 또 다른 VVIP, 한 재벌 사모님은 "운동과 암의 관계에 관해 설명해 달라"라고 요청하셨다. 나는 1초 만에 설명을 시작했지만 떨리는 마음을 감출 수 없었다. 그 순간 확실히 깨달았다. 이 자리에서 인정받으려면 운동만 아는 사람으로는 턱없이 부족하다는 것을. 단순한 운동 지식만으로는 버틸 수 없다는 절박함, 살아남아야 한다는 절실함이 온몸을 휘감았다. 그날 이후 매일 밤늦게까지 공부했다. 그리고 깨달았다. 이런 예기치 않은 질문들은 단순한 지식 테스트가 아니었다는 것을. 그들의 날카로운 지성은 내 역할의 본질이 무엇인지, 그리고 내가 이 자리에서 무엇을 증명해야 하는지를 끊임없이 되묻게 했다. 나는 그들의 몸뿐 아니라 하루 전체를, 나아가 삶 전체를 최적화하는 '건강 전략가'가 되어야만 했다.

건강 전략가, 그리고 거대한 질문

그 과정에서 나는 거대한 질문과 마주했다.

'내가 하는 이 일의 본질은 무엇인가? 왜 어떤 이는 쉽게 무너지고 어떤 이는 강인하게 삶을 지속하는가?'

그리고 그 질문에 대한 답의 실마리를 가장 사적인 시간 속에서 발견했다. 그들의 하루는 우리가 상상하는 것과 완전히 달랐다. 호화로운 오피스에서 편안하게 명령만 내리는 모습은 찾아볼 수 없었다. 대신 이른 아침 아무도 깨어나지 않은 시간에 땀 흘리며 이를 악물고 한계를 밀어내는 모습을 보았다. 이들에게 운동은 단순한 취미가 아니었다. 불가능을 가능으로 만드는 정신력 훈련이었고, 매일 반복되는 자기 극복의 증거였다.

나는 20년간 재벌 회장들을 비롯한 최상위 사회 지도층의 '건강 설계자'이자 '삶의 전략가'로 살아왔다. 그들의 가장 은밀한 사생활 깊숙이 들어가 돈으로도 살 수 없는 단 하나, '건강'을 지켜냈다. 그 누구도 공개하지 않았던 그들만의 루틴, 사고방식, 그리고 불가능을 가능으로 만든 생존 전략. 이 책은 바로 그 모든 것을 담고 있다.

이제 당신도 자신만의 재벌이 될 차례다. 이 책을 통해 다음을 얻게 될 것이다.

- 최상위 0.001%만 알던 '은밀한 건강 관리법': 기상천외하지만 현실직인 재벌들의 운동 루틴, 식단 설계, 회복 시스템을 엿보고 일상에 적용하는 노하우
- '헬스장 없는 헬스케어'의 비밀: 공간과 시간의 제약 없이 어디서든 최상의 컨디션을 유지하는 혁신적인 방법과 실전 루틴
- 실패를 두려워하지 않는 '강철 멘탈': 몸과 마음의 한계를 넘어서고, 좌

절을 성장의 기회로 삼는 불굴의 정신력
- 당신의 삶을 변화시키는 '질문의 힘': 문제를 다른 각도로 보고, 해결책을 스스로 찾아내는 창의적 사고방식
- 건강을 넘어 '삶의 주도권'을 잡는 법: 체력 경영, 지식 근육, 라이프스타일 설계 등 삶 전체를 최적화하는 전략.

나는 누구보다 바쁜 당신의 고민을 잘 알고 있다. '무엇을 해야 건강해질까?', '지금 이대로 괜찮을까?', '더 나은 삶을 살고 싶은데 어디서부터 시작해야 할까?'… 그 막막함과 절실함에 대해 이 책은 담담히, 그러나 분명히 답할 것이다.

이 책이 전하는 진실은 단 하나다. 진짜 트레이닝은 신체를 넘어 삶의 태도를 송두리째 바꾸는 작업이며, 견고한 건강은 헬스장이 아닌 일상 속 작은 습관에서 시작된다는 것. 우리가 진정으로 되찾아야 할 것은 외적인 근육이 아니라 내면의 활력과 어떤 상황에도 흔들리지 않는 정신의 힘이라는 사실이다.

지금, 당신의 변화는 시작되었다.

기억하라. 우리에게 몸은 단 하나뿐이며 그 기반이 무너지면 삶의 모든 것이 위태로워진다. 하지만 당신이 지금 어떤 상황에 있든, 몇 살이든, 어떤 건강 상태에 있든 중요하지 않다. 완벽한 순간이나 완벽한 조건을 기다릴 필요도 없다. 변화는 언제나 가능하다. 이 책을 펼친 당신은 이미 그 변화의 첫걸음을 내디딘 것이다. 이제 단순히 몸을 단련하는 것을 넘어 인생의 방향을 스스로 설계하고 삶을 주도하는 사람으로 거듭나는 여정, 그 가장 엄격하고도 찬란한 비밀의 문 앞에 서 있다.

제1부

그들의 세상, 금단의 문을 열다

Part 1

평범한 소년,
재벌가의 트레이너가 되다

 **꿈을 향한 첫 땀방울**

낡은 도장에서 발견한 삶의 방향

[사범님의 반전] 동네 육체미 도장의 진짜 힘

빠샤~ 이얍! 하!

중학교 1학년 뜨거운 여름, 태권도장의 낡고 오래된 매트 바닥을 구르는 발소리가 온몸을 타고 울렸다. 도복을 입은 수십 명의 아이들과 함께 품새를 마치고 기합을 외쳤다. 나는 도장 안의 규율과 엄격한 질서에 익숙함을 느꼈다. 이곳에선 실력과 띠의 색깔이 곧 서열이었다. 사범님은 그 위계질서의 정점에서 우리를 내려다보며 칭찬과 질책을 적절히 섞어 가르쳤다. 도복을 툭툭 털며 땀을 닦는 내게 사범님은 어깨를 두드리며 "좋아, 좋아 다음에는 더 절도있게"라고 말했다.

연습을 마치고 발걸음을 옮기다가 도장 옆 낯선 소리에 귀가 쫑긋해졌다. 묵직한 쇳덩이가 부딪히는 소리와 거친 숨소리. 간헐적으로 터져 나오는 기합 사이로 흥겨운 라디오 음악이 흘렀고, 이따금 배철수 DJ의 목소리가 들렸다. 호기심에 문틈 사이로 고개를 들이밀자 '육체미 도장'이라는 빛바랜 간판이 눈에 들어왔다. 요즘 말로 하면 헬스장이지만 90년대 초 그 시절 우리 동네에서는 그렇게 불렸다.

"쿵! 쾅! 으으윽!"

문을 조심스레 밀자 완전히 다른 세계가 펼쳐졌다. 땀 냄새와 녹슨 철 냄새가 뒤섞인 공기가 코끝을 스쳤다. 태권도장의 정돈된 질서와 달리 이곳은 어딘가 무질서하고 거칠지만 묘한 자유로움이 있었다. 마치 원시적 정글 같았다. 웃통도 걸치지 않은 채 거울 앞에서 몸매를 점검하는 아저씨들, 바벨을 들어 올릴 때마다 얼굴이 붉어지며 내뱉는 짧은 숨소리, 그리고 서로의 몸에 대해 스스럼없이 나누는 우렁찬 농담들이 공간을 채웠다. 구석에는 '선데이서울'이라는 성인잡지도 보였다. 태권도장의 엄숙한 정적과 달리 이곳은 날것 그대로의 활기찬 에너지로 가득했다.

육체미 도장 한복판에서는 험상궂게 생긴 아저씨들이 저마다의 공간을 차지하고 있었다. 잘 단련된 몸, 집중된 눈빛, 바벨을 들어 올릴 때마다 터져 나오는 거친 숨소리. 서로의 울퉁불퉁한 몸을 과시하듯 자세를 잡고 근육을 부풀리는 모습은 마치 한 무리의 고릴라들 같았다. 내 눈을 사로잡는 것은 그들의 압도적인 몸이었다. 짧은 스포츠머리에 굵은 목덜미, 단단하게 팽창된 가슴과 팔뚝 위로 힘줄처럼 도드라진 혈관은 영화에서나 봤던 모습이었다. 여기저기 담배 자국 흉터가 새겨진 몸에도 불구하고 그들은 위협적이면서도 거칠 게 매력이었다. 한 아저씨는 순금 목걸이를 반짝이며 벤치프레스 100kg을 들어 올렸다. 문신으로 뒤덮인 등을 가진 다른 아저씨는 주전자로 물을 벌컥벌컥 들이켰다. 마치 킁킁거리며 땅을 파헤치는 야생 멧돼지 같았다.

그들 사이의 질서는 단순명료했다. 근육이 곧 권위였다. 무거운 중량을 들어 올릴수록 자연스럽게 존중받았고, 더 탄탄한 몸을 가진 사람이 더 넓은 영역을 차지했다. 태권도장에서 배웠던 예의와 형식은 이곳에선 통하지 않았다. 오직 몸으로 증명해야 하는 세계였다. 그제야 깨달았다. 이곳은 말보다 행동이, 형식보다 결과가 중요한 곳이었다. 나는 신선한 놀라움과 함께 묘한 끌림을 느꼈다.

그때였다. 문이 다시 열리며 익숙한 실루엣이 모습을 드러냈다. 다름 아닌 우리 도장의 사범님이었다. 평소 검은 띠를 두르고 아이들 앞에서 늘 위풍당당했던 사범님이 육체미 도장에 오신 것이다.

그 순간, 내부의 공기가 미묘하게 흔들렸다. 그의 주먹이 스치기만 해도 일반인은 죽을 수 있다는 소문이 제자들 사이에선 정설이었다. 그래서 나는 속으로 더욱 기대했다. 사범님이 곧 이곳의 무질서를 단숨에 바로잡으리라 확신했다. 하지만 예상과 달리 사범님은 허리를 깊게 숙이며 떡대 좋은 아저씨들에게 공손히 인사를 건넸다.

"오늘도 지도 편달 부탁드립니다, 형님들."

아저씨 중 한 명이 크게 웃으며 대답했다.

"그래. 왔으면 이리 와서 보조나 해!"

그 순간 나는 얼어붙었다. 믿을 수 없었다. 도장에서 '왕'이었던 사범님이 이곳에선 마치 평범한 수련생처럼 행동하고 있었다. 태권도장에서 검은 띠의 권위는 이곳의 철 냄새와 땀 냄새 앞에서 한없이 무력해 보였다. 그는 마치 맹수 앞에 선 초식동물처럼 위축된 채 보조를 하고 있었다. 내가 알던 질서가 완전히 뒤바뀐 순간이었다. 진정한 힘이란 무엇일까? 다시 생각하게 되었다.

[꼬마 헤라클레스의 탄생] 땀과 쇳덩이의 기적

그때 벽 한쪽에 걸린 포스터가 내 시선을 사로잡았다. 영화 터미네이터 주인공 아널드 슈워제네거였다. 산맥 같은 근육, 자신감 넘치는 미소, 그리고 모든 것을 압도하는 존재감. 그의 눈빛이 마치 나를 똑바로 내려다보는 듯했다. 그 순간 가슴속에서 무언가 꿈틀거렸다. 뜨거운 불꽃 같은 감정.

'나도 저렇게 될 거야.'

충동적으로 나는 무거운 덤벨을 집어 들었다. 10kg. 생각보다 버티기 힘들었다. 차가운 쇠의 감촉이 손바닥에 닿는 순간 이상한 설렘이 전신을 타고 흘렀다. 팔이 후들거렸지만 그 떨림이 나를 이상하게 흥분시켰다. 처음으로 나는 내 몸의 한계를 느꼈고 동시에 그 한계를 넘어설 수 있다는 가능성을 보았다.

"어이, 꼬마! 팔꿈치 좀 더 고정해."

문신한 아저씨가 툭, 한마디 하며 내 자세를 교정해 주었다. 놀랍게도 그의 목소리엔 비웃음이 아닌 진심 어린 조언이 담겨 있었다. 나는 그의 지시에 따라 자세를 바로잡았고, 팔을 올리자 근육이 타는 듯한 감각이 밀려왔다. 고통이었지만 동시에 희열이었다. 이것이 진짜 운동인가 싶었다.

그날부터 나의 일상은 완전히 바뀌었다. 아침에 눈을 뜨면 가장 먼저 팔굽혀펴기 50개로 하루를 시작했다. 학교 체육 시간에 다른 아이들이 축구할 때 나는 혼자 철봉에 매달려 턱걸이를 반복했다. 나는 반에서 유독 체격이 좋았다. 우리 학교는 키 순서로 번호를 매겼는데 학급 54명 중 가장 큰 체구인 내가 54번이었다. 작은 아이들이 앞자리를 차지할 때마다 나는 늘 맨 뒤에 앉았다. 이런 내 큰 체구는 앞으로 몸을 더 단련해야 할 동기가 되었다. 하교 후에는 곧장 육체미 도장으로 달려갔다.

"쟤 왜 저러냐?"

"미쳤나 봐."

친구들의 놀림이 등 뒤로 들려왔지만 상관없었다. 내 귀에는 바벨이 고무바닥에 부딪히는 소리만 들렸고 내 눈에는 거울에 비친 나의 변화하는 몸만 보였다. 처음엔 희미하게 보이던 이두박근의 윤곽이 점점 또렷해졌고 납작했던 가슴은 조금씩 부풀어 올랐다. 하루하루 달라지는 몸을 보는 것은 경이로운 경험이었다.

육체미 도장의 아저씨들은 나를 '꼬마 헤라클레스'라고 불렀다. 처음엔 놀림조로 시작된 별명이었다. 그런데 내가 매일 도장을 찾아 악바리처럼 땀 흘리는 것을 보며 그들도 태도가 변했다. 때로는 자세를 교정해 주고, 때로는 더 무거운 중량에 도전하라고 등을 두드려 주었다. 한 달이 지나고 두 달이 지나고 계절이 바뀌었다. 앳된 중학생이었지만 내 힘은 어지간한 성인과 비등해 가고 있었다.

[내 인생 첫 훈장] 중1, 진짜 꿈을 만나다

그리고 어느 날, 육체미 도장에서 처음으로 벤치프레스 60kg을 들어 올렸다. 세 번째 시도에서 성공했다. 마지막 순간 모든 근육이 비명을 질렀지만 포기하지 않았다. 그때 내 몸 안의 모든 세포가 환호했다. 아저씨들이 듬직한 손으로 내 어깨를 두드렸고 사범님은 멀리서 묘한 표정으로 나를 바라보았다. 그 순간 나는 깨달았다. 내가 찾아온 이 길이 단순한 취미가 아니라

내 삶의 방향이라는 것을.

작은 덤벨 하나가 내 인생의 방향을 바꿔놓았다. 때로는 우연한 만남이, 낯선 도전이 평생의 열정으로 이어진다. 아직 중학교 1학년이었지만 나의 꿈은 이미 명확했다. 언젠가 나도 동네 고릴라들처럼 누군가가 동경하는 근육질의 몸을 가진 사람이 될 것이다. 그들은 아직 모르겠지만 내가 얼마나 강해질지 나는 알고 있었다.

집으로 돌아가는 길, 나는 이 새로운 열정을 어떻게 부모님께 설명할지 고민했다. 특히 안정적인 직장만이 성공의 길이라고 믿었던 베이비붐 시대의 아버지가 내 꿈을 어떻게 받아들이실지 걱정되었다. 하지만 그것은 일단 내일의 문제였다. 오늘만큼은 근육의 떨림으로 온몸에 전해지는 성취감을 온전히 느끼고 싶었다. 손바닥에 남은 굳은살을 만지작거리며 미소 지었다. 이것이 내 인생 첫 번째 훈장이었다.

[성장의 길] 흔들림 없는 땀방울

그러나 이 새로운 열정은 곧 예상치 못한 시련에 부딪혔다. '운동은 가난한 사람들이 하는 것'이라는 당시의 사회적 편견, 그리고 안정적인 삶을 최우선으로 여기셨던 아버지의 강한 반대라는 '환경적 제약'이 나를 짓눌렀다. 그러나 난 덤벨의 묵직한 무게감과 변화하는 몸의 즐거움을 포기할 수 없었다. 아버지의 침묵과 때론 퉁명스러운 말들은 오히려 내 안의 불꽃에 기름을 부었다. 나는 혼자 헌책방을 뒤져 운동 서적을 읽고, 이소룡처럼 거울 앞에서 근육을 뽐내며 스스로 다그쳤다. 완벽한 환경이 주어지지 않아도 중요한 것은 내 안의 끈기와 문제를 해결하려는 의지라는 것을 어렴풋이 깨닫기 시작한 순간이었다. 그렇게 나는 묵묵히 이 길을 걸어가며 언젠가 몸으로 증명하는 진짜 전문가가 될 것이라고 다짐했다.

전문가를 넘어 완벽으로

노력으로 얻은 반전의 성장

새로운 시작, 한계를 넘어선 성장

중학교 시절 육체미 도장에서 삶의 방향을 찾은 후 나의 열정은 멈출 줄 몰랐다. 고등학교에 진학하면서 나는 또래를 훨씬 능가하는 근력과 성인에 버금가는 체격을 갖추게 되었다. 동네 헬스장을 넘어 선수 전문 체육관에서 혹독한 훈련을 받으며 더 높은 곳을 바라봤다. 꿈에 그리던 첫 보디빌딩 대회에서 입상하며 작은 승리를 맛보았지만 이어진 전국 대회에서의 처참한 실패는 내게 깊은 상실감을 안겨주었다. '내 인생을 건 선택이 틀린 건 아닐까?' 하는 두려움 속에서 나는 밤잠을 설쳤다. 좌절은 오히려 나를 더 단단하게 만들었다. 단순한 몸 쓰기를 넘어 근육의 원리, 운동생리학, 영양학까지 '공부'하는 운동선수가 되기로 결심했다. 그리고 부족한 정보를 더 많이 습득하기 위해 서점과 도서관을 오가며 책을 파고들었다. 군 복무 중에는 '스포츠 마사지병'이라는 특별한 보직을 통해 체계적인 재활 기술까지 익혔다. 제대 후에는 인터넷 강의를 들으며 더욱 폭넓은 지식을 쌓아나갔다. 이 모든 과정은 내가 '진정한 전문가'로 거듭나는 귀중한 밑거름이 되었다. 몸으로 증명하는 것을 넘어 지식으로 무장한 전문가로 성장하고 있었지만 이 모든 준비가 나를 더 큰 무대로 이끌 것이라고는 그때는 꿈에도 생각하지 못했다.

[행정과 기획] 전문가로 영역을 넓히다

'나의 천국, 나의 수련장'이라는 별칭이 붙었던 서울시체육회에서의 시간은 내게 잊지 못할 성장의 발판이었다. 당시 서울시장이던 고건 시장과 이후 이명박 시장(후에 대통령)이 회장을 맡았던 국가 공인기관이었다. 이곳은 단순한 트레이너를 넘어 공식적인 스포츠 전문가로 성장할 수 있는 든든한 발판이 되어 주었다. 나는 이곳에서 각종 스포츠 행사 기획 및 운영, 체육센터 프로그램 개발, 그리고 복잡한 행정 및 문서 업무, 예산 책정, 여러 부서와의 조율 등 다양한 실무를 경험했다. 처음에는 낯설게 느껴졌지만 그 모든 과정이 효율적인 시스템을 만들고 '사람'들에게 더 나은 서비스를 제공하는 데 필수적이라는 것을 깨달았다. 이러한 경험들은 단순히 몸만 아는 트레이너가 아니라 전체적인 시스템을 이해하고 다양한 변수를 고려하며 복잡한 상황을 해결할 수 있는 시야를 길러주었다. 이처럼 트레이닝 현장 밖에서 쌓은 경험들은 나의 전문성을 한 단계 더 확장했고 개인의 몸뿐만 아니라 더 큰 규모의 프로젝트와 조직의 건강을 고민하는 데 필요한 지식과 통찰력을 제공했다. 내게는 또 새로운 가능성이 열리는 곳이었다.

[다이어트 전문가로] 내 몸이 가장 확실한 실험실

체육회에서는 내 약점을 강점으로 바꾸는 기회를 얻었다. 나는 태생부터 내배엽 체질이었다. 쉽게 말해 살이 쉽게 찌고 식욕이 왕성한 타입이었다. 아무리 먹어도 뱃속에 믹서기가 있는 듯 무엇이든 게 눈 감추듯 소화 시켰다. 성인부 보디빌딩 대회를 준비하며 이 선천적 장애물을 넘어서기 위해 나는 다이어트 과학에 광적으로 몰두했다.

"다이어트는 저에게 생존의 문제였습니다."

우스갯소리 같지만 실은 내 절박한 외침이었다. 농담처럼 던진 이 말은 사실이었다. 밤마다 새로운 논문을 읽어가며 최신 영양학 이론을 흡수했다. 온라인 강의는 물론 신진 연구자들의 세미나까지 놓치지 않았다.

무엇보다 내 몸이 가장 확실한 실험실이었다. 체지방 감소 프로토콜, 음식 타이밍, 수분 조절, 휴식과 회복의 균형까지. 모든 변수를 철저히 기록하며 최적의 방정식을 찾아갔다. 내 체질과의 싸움은 결국 나만의 특별한 전문성으로 발전했다. 타고난 체질이라는 '유전자'를 탓하는 대신 오직 '경험과 지식'으로 스스로 한계를 넘어서는 법을 배우고 있었다.

[운동에 미친 자] 1cm의 기적과 피 맺힌 열정

내가 개발한 방법을 일반 회원들에게 적용해 보니 효과가 눈에 띄게 좋았다.

"와, 살이 정말 빠졌네요!"

회원들의 놀란 눈빛이 나에게는 최고의 보상이었다. 입소문이 퍼지기 시작했고 어느새 나의 팬들이 생겨나면서 '아줌마 부대'가 형성되었다. 특히 60대 한 분이 15kg을 감량하자 그 소식은 걷잡을 수 없이 퍼졌다. 내 약점이었던 체질이 오히려 나만의 차별화된 전문성이 된 것이다. 그런 회원들에게 인간적인 사랑과 관심도 많이 받았다.

다른 한편으로는 근육 발달에 여전히 집중했다. 아직 버리지 못한 입상에 대한 미련 때문이었다. 팔 둘레 49cm에서 50cm를 넘기겠다는 목표를 위해 벌크업 트레이닝에 몰두했다. 매일 밤 팔뚝에 줄자를 감았다. 49.2cm, 49.3cm… 숫자가 조금씩 올라갈 때마다 희열을 느꼈다. 세션마다 한계를 조금씩 밀어내며 내 몸을 통해 근육 성장의 원리를 탐구했다. 운동에 대한 나의 몰입도는 주변 사람들에게도 놀라움을 주었다.

한번은 체육회 직원들과의 친선 축구 시합에서 발목을 심하게 다쳐 깁스를 했다. 의사는 최소 4주간 안정을 취하라고 했지만 나는 목발과 깁스를 한 채로도 헬스장을 찾았다. 목발을 짚고 벤치프레스 머신까지 가는 내 모습은 분명 우스꽝스러웠을 것이다. 상체 운동이라도 계속해야 한다는 일종의 집착이었다. 주변 사람들은 나를 '헬스에 미친 사람'이라고 불렀고, 그들의 표정은 때때로 나를 정신병자 보듯 했다.

"너 정말 미쳤구나."

동료의 말에 웃으며 고개를 끄덕였다. 솔직히 나도 그 말이 싫지 않았다. 미치지 않고서야 어떻게 한계를 넘을 수 있을까? 그때는 정말로 미쳐 있었고 마치 이게 아니면 인생에서 다른 선택지는 없다는 확신뿐이었다.

팔 둘레 1cm를 늘이기 위한 여정은 쉽지 않았다. 하루하루 눈에 보이지 않는 성장을 위해 모든 것을 바쳤다. 가장 기억에 남는 순간은 데드리프트를 하다 손바닥 굳은살이 찢어지고 피가 맺혔을 때였다. 이상하게도 그 피는 고통이 아니라 오히려 희열이었다. 마치 배트맨의 조커처럼 헬스장 거울을 보며 나도 모르게 피식 웃기도 했다. 고통이 곧 몰입의 증거처럼 느껴졌고 나는 그 순간조차 만족스러웠다. 그렇게 내 운동 기록 노트는 점점 두꺼워졌고 인바디 점수는 이미 세 자릿수를 넘겨 100점대 이상으로 올라갔다.

"이 한계를 넘는다면 트레이너로서, 선수로서 부족함이 없을 거야."

매일 아침 거울 앞에서 다짐했다. 결국 그 1cm는 3년이 넘어서야 넘길 수 있었고 추후 5년 만에 51cm가 되었다. 이는 평생 남을 가르칠 수 있는 깨달음이었다. 진짜 변화에는 지름길이 없다는 것. 한계에서 또 다른 한계를 넘는 일은 엄청난 노력과 에너지가 필요한 순간이었다.

[몸과 마음을 읽는 법] 사람과 소통하는 트레이너로

이런 육체적 도전과 함께 정신적으로도 성장했다. 전문가로서의 깊이를 더하기 위해 주말은 늘 연수와 교육으로 채웠다. 스포츠 영양학, 재활 운동, 기능적 움직임 평가, 근막 이완 기법까지— 모든 자격증 과정을 열정적으로 밟아나갔다. 내 책상 서랍에는 프로틴 보충제와 함께 최신 트레이닝 관련 서적이 늘 가득했고, 점심시간은 어김없이 고강도 트레이닝으로 채워졌다.

"이 길이 맞다. 나는 트레이너로서 더 깊어져야 한다."

나의 확신은 날이 갈수록 단단해졌다. 이론과 실전을 병행하며 성장하는 과정에서 가장 보람된 순간은 회원들의 변화를 목격할 때였다. 어느 날 50대 중년께서, "선생님 덕분에 10년 만에 허리 통증이 사라졌어요"라고 말했을 때 내 선택이 틀리지 않았음을 다시 한번 확신했다. 한 회원은 내 지도로 20kg을 감량한 후 "인생이 달라졌다"라고 말했다. 그는 진심으로 여자 친구를 소개해 주겠다고 제안하기도 했다. 이런 순간들이야말로 내가 이 일을 사랑하는 이유였다.

특히 실버 회원들과의 관계는 나에게 큰 깨달음을 주었다. 종종 여기저기 몸이 쑤신다고 해서서 아무 뜻 없이 마사지를 해드렸다. 그분들은 내 손을 꼭 잡으며 말씀하셨다.

"우리 아들보다 낫네."

"남편보다 정이 많아~"

진심 어린 칭찬에 가슴이 뜨거워졌다. 단순한 기술이 아니라 교감과 신뢰가 운동 지도에서 얼마나 중요한지를 몸으로 배웠다. 그 어떤 책에서도 가르쳐주지 않는 교훈이었다. 이것이야말로 현장에서만 얻을 수 있는 진짜 지식이었다.

 이 모든 경험은 내 약점을 장점으로 바꾸었고, 체질적 핸디캡은 오히려 사람들과 소통하는 공감의 언어가 되었다. 운동과 식단에 진심을 담고 사람들의 이야기를 귀 기울여 들으며 그들의 변화에 함께 기뻐했다.

 체육회에서의 경험은 단순히 운동 지도를 넘어 '사람의 몸과 마음을 읽는 능력'까지 키워주었다. 체형별 맞춤 트레이닝, 개인별 심리 상태에 따른 동기부여 방법, 바쁜 일정 속에서도 지속 가능한 운동 루틴 설계까지. 마치 하나의 퍼즐 조각처럼 내 안에서 전문성의 그림이 하나씩 맞춰져 갔다.

 그곳은 인간적으로도 따뜻했다. 선후배 관계는 돈독했고 분위기는 가족 같았다. 종종 저녁에 잠이 들 때면 '내일 빨리 출근하고 싶다'라는 생각이 절로 들 정도였다. 말 그대로 나에겐 직장이 천국 같았다. 체육회에서의 시간은 나에게 중요한 또 하나의 깨달음을 주었다. 진정한 트레이너란 단순히 운동 방법을 가르치는 사람이 아니라 사람의 삶을 변화시키는 촉매제라는 것을.

 그렇게 시간이 흐르면서 나도 모르게 사람들의 건강을 책임질 수 있는 역량을 갖추게 되었다. 그 모든 준비가 나를 더 큰 무대로 이끌 것이라고 그때는 꿈에도 생각하지 못했다. 어느 날 한 선배의 무심한 한마디가 내 인생을 완전히 바꿔놓게 될 줄은 정말 아무도 몰랐다.

인생을 바꾼 한마디

호기심이 가져온 놀라운 기회

[결정적 계기] 선배의 결정적 한마디

"야, 너 OO그룹에서 회장님 전담 트레이너 뽑는 거 알아?"

같이 근무하던 선배가 무심히 던진 한마디가 내 귀에 꽂혔다. 업계에서는 잘 알려지지 않은 사실이지만 대기업 오너들은 대부분 자신만의 전담 트레이너를 두고 있다. 이는 단순한 사치가 아니라 경영자의 건강을 기업의 중요 자산으로 관리하는 전략적 선택이다. 그러나 이런 자리는 대부분 비공개로 충원되며 그 존재조차도 입소문을 통해 어렴풋이 알려졌다. 선배는 말했다.

"너 정도면 가능할 것도 같은데 원서나 한번 넣어 보지 그래?"

"무슨 농담을 그렇게 해요?"

내가 웃으며 대답했다.

"농담 아니야. 요구사항이 꽤 까다롭다더라."

처음엔 장난인 줄 알았다. 대한민국 최정상 기업 회장의 트레이너라니. 나 같은 평범한 사람에게는 상상 밖의 이야기였다. 오직 최고의 스펙과 명성을 갖춘 전문가들의 몫이라 여겼다. 선배는 자기 책상 컴퓨터의 모니터를 내게 보여주었다. 실제 구인 공고였다. 몇 가지 자격 요건이 눈에 띄었다. '경력 및 자격증 소지자', '긴급 상황 대처 능력 필수', '해외 출장 가능자', '스포츠 마사지 우대', '외모 준수' 등 여러 조건이 있었다.

'내가 그런 자리에 지원한다고? 말도 안 돼.'

하지만 그 후로 며칠간 선배의 그 말이 머릿속을 떠나지 않았다. 솔직히 호기심이 생겼다.

'대기업에서 운영하는 헬스장은 대체 어떤 모습일까?'

당시만 해도 대기업 피트니스 센터는 일반인에겐 베일에 싸인 미지의 세계였다. 최고급 장비와 시스템, 유명한 전문가들이 있는 곳. 나는 그 내부를 한 번만이라도 보고 싶었다. 어차피 합격은 어려울 테니 경험 삼아 구경이라도 가보는 것도 나쁘지 않을 것 같았다.

[특이한 경력] 기회가 되다

밤에 자려고 누워서도 그 생각이 머릿속을 떠나지 않았다. 시계는 새벽 2시를 가리키고 있었다. 갑자기 떠오른 생각에 침대에서 벌떡 일어났다. 군대에서 습득한 마사지 기술과 체육회에서의 경험이 묘하게 맞아떨어지는 순간이었다. 마치 오랫동안 흩어져 있던 퍼즐 조각들이 단번에 제 그림을 찾아가듯 선명했다. 어쩌면 이게 나에게 주어진 특별한 기회일 수도 있다는 생각이 들었다. 설령 안 되더라도 이 과정을 통해 배우는 것이 분명히 있을 터였다.

'그냥 구경이나 해보자.'

나는 가벼운 마음으로 이력서를 넣었다. 이력서를 작성하며 내 과거 경험을 나열할 때마다 신기했다. 어떤 직무에도 걸맞지 않아 보이던 내 특이한 경력들. 중학교 때부터의 보디빌딩, 군대에서의 마사지 병, 체육회에서의 다양한 경험들이 이 자리에는 오히려 잘 맞는 듯했다.

며칠 후, 뜻밖의 전화가 걸려 왔다.

"OO그룹 피트니스 센터입니다. 면접 일정 잡으려고 연락드렸습니다."

"네? 제가요?"

목소리가 나도 모르게 커졌다.

"OOO 선생님. 이번 주 금요일 오후 2시에 가능하신가요?"

심장이 뛰었다. 정말 면접을 본다고? 구경만 하려던 계획이 어느새 실제 면접으로 이어졌다. 가벼운 마음으로 넣은 이력서가 내 인생을 바꿀 첫걸음이 될 줄은 그때는 정말 몰랐다. 이제 나에게는 기회가 주어졌고 그 문을 통과할 준비를 해야 했다. 선배의 무심한 한마디에서 시작된 이 여정이 어디로 이어질지 그때는 아무것도 예상할 수 없었다.

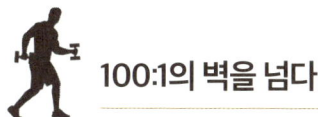
100:1의 벽을 넘다

꿈의 문턱, 재벌의 세계로 입성

[베일에 싸인 공간] 상상 그 이상의 피트니스 센터

처음엔 단순한 호기심으로 시작했던 지원이었다. 하지만 1차 서류 통과 연락을 받고 나니, 현실이 된 면접을 앞두고 긴장과 설렘이 교차했다.

면접 당일 OO그룹 본사에 들어서는 순간 깊은 인상을 받았다. 서울 도심의 큰 대로변 한복판에 우뚝 선 높은 빌딩은 대기업의 위상을 그대로 보여주고 있었다. 로비에 들어서자마자 느껴지는 세련된 실내장식과 고급 호텔 같은 분위기, 리셉션 데스크의 친절한 직원들, 그리고 눈을 의심하게 하는 시설까지. 특히 헬스장 내부에 마련된 실내 트랙을 보고는 깜짝 놀랐다.

"헬스장 안에 트랙이 있다고?"

상상했던 모든 걸 뛰어넘는 환경이었다. 내가 일하던 체육회 시설은 여기와 비교하면 마치 시골 학교 운동장 같았다. 하지만 단순히 구경만 하고 끝날 것이라 생각했던 내 예상은 완전히 빗나갔다.

[실력과 태도를 증명하는 자리] 면접, 나를 넘어서는 시간

　OO그룹 본사에 도착하자 이미 대기실에는 다른 지원자들이 있었다. 모두의 얼굴에는 긴장된 표정이 역력했다. 조용한 대기실. 서로의 존재를 의식하며 흘끗흘끗 탐색하고 있었다. 숨소리마저 조심스러웠다. 손을 주먹처럼 쥐고 있는 사람, 깊은 호흡으로 긴장을 가라앉히는 사람. 모두가 똑같은 마음이었을 것이다.

　"선택은 단 한 명. 그게 바로 나이기를."

　나는 숨을 크게 들이쉬었다. 내가 너무 가볍게 지원한 게 아닌가 싶었다. 주변을 둘러보니 한눈에 봐도 뛰어난 지원자들뿐이었다. 연예인처럼 샤프한 사람부터 국가대표급 몸을 가진 사람까지. 이들과 경쟁한다고 생각하니 자신감이 살짝 흔들렸다. 하지만 속으로 스스로 다독였다.

　'어차피 지금 일할 곳은 있으니까 너무 쫄지는 말자.'

내가 마주한 VVIP 전용공간의 조건

여러 곳을 수행했기에 종합적으로 통합해 설명하겠다.

① 전용 입구 및 보안 시스템: 일반 직원 동선과 분리된 별도 출입구, 철저한 지문/안면 인식 등 최첨단 보안 시스템으로 완벽한 프라이버시 보장.
② 최고급 운동 장비 존: 전 세계 최신 트렌드를 반영한 최고급 유산소 및 근력 운동 장비가 완비. 일반 헬스장에서는 보기 힘든 고가 장비들이 개인 맞춤형으로 세팅 가능.
③ 최고급 원목 인테리어를 사용해 친환경 요소와 항시 햇빛과 공기가 잘 통하도록 설계된 장소.
④ 프라이빗 PT 룸: 1:1 맞춤 트레이닝을 위한 독립된 공간. 외부 시선 없이 온전히 운동에 집중

문득 고등학교 시절 처음 나갔던 보디빌딩 대회가 떠올랐다. 똑같은 긴장감, 똑같은 경쟁자들의 눈빛. 그때도 이런 긴장감이 있었지만 결국 그 경험이 지금의 나를 만들어주었다.

'나는 이미 이런 상황을 겪어봤다. 다시 잘할 수 있어.'

"다음 지원자, 해준 님."

실기 면접이 시작되었다. 운동 동작 시연, 티칭 스타일 평가, 근막 이완 테크닉 테스트… 심사하는 사람은 눈썹 하나 움직이지 않고 나를 지켜봤다. 그분의 시선이 내 모든 동작을 따라다녔다. 하나라도 부족하거나 어설프면 바로 탈락할 것 같았다. 무엇보다 중요한 것은 '운동을 얼마나 잘 아는가?'가 아니라 '어떻게 전달하는가?'였다. 나는 깊게 숨을 들이마셨다. '차분하게, 군대에서 했던 것처럼.'

실기 테스트 후 면접관이 이력서를 보며 물었다.

할 수 있도록 설계.
⑤ 재활 및 컨디셔닝 룸: VVIP의 부상 관리 및 컨디션 회복을 돕는 공간. 최첨단 장비와 수기 요법 병행.
⑥ 고급 스파 및 사우나: 운동 후 피로를 풀고 몸을 이완시키는 최고급 스파, 건식/습식 사우나 시설.
⑦ 영양 상담 및 식단 관리 키친: 전담 조리장이 상주하며 개인별 맞춤 식단을 제공하고, 필요시 즉석에서 조리까지 가능한 프라이빗 키친.
⑧ 라운지 및 휴게 공간: 편안하게 휴식을 취하거나 가벼운 미팅을 할 수 있는 고급스러운 라운지. 건강 관련 서적 및 자료 비치.

이 공간에서 처음엔 압도당했지만 시간이 지날수록 진짜 중요한 건 '화려한 시설'이 아니라 '내 몸을 얼마나 우선순위에 두느냐'라는 걸 깨달았다. 비싼 장비나 넓은 공간이 없어도, 나만의 방식으로 몸을 돌보는 법을 그곳에서 배웠다. 이 깨달음은 훗날 '헬스장 없이도 가능한 건강 관리 시스템'을 설계하는 밑바탕이 되었다. 이 모든 시스템은 VVIP의 '시간'과 '효율성', '최고의 결과'를 위해 설계되었지만, 결국 핵심은 '건강을 최우선에 두는 습관'이었다. 여러분도 여러분만의 작은 시스템을 만들 수 있다.

"군대에서 '스포츠 마사지병'이셨네요. 흥미로운데요, 구체적으로 어떤 경험을 하셨습니까?"

순간 머릿속이 하얘졌지만 장교들과 부대장들의 몸을 관리했던 경험을 침착하게 풀어냈다. 면접관의 눈빛이 조금씩 달라졌다.

"우리 회장님도 간혹 허리와 어깨 통증을 호소하십니다. 어떻게 접근하실 건가요?"

질문의 의도가 명확했다. 당신은 우리 회장님을 감당할 수 있는가? 그 질문에 나는 자신 있게 대답했다. 군대에서 다양한 연령대의 상관들을 상대했던 경험이 그런 질문에 답하는 데 큰 도움이 됐다. 내 답변을 들으며 면접관은 고개를 끄덕였다. 다양한 성격과 지위를 가진 사람들을 상대했던 경험이 자연스럽게 몸에 배어 있었다. 나는 최대한 자연스럽게, 내가 평소에 하던 방식 그대로 설명했다. 그리고 심사하는 분은 종이에 무언가를 적었다.

나는 속으로 생각했다.

'이 정도면 됐을까? 어설프지 않았겠지?'

면접을 마치고 나오자 후련하면서도 결과를 기다리는 마음에 초조해지기 시작했다. 하루, 이틀 시간이 지나갈수록 혹시나 전화를 놓칠까 봐 늘 전전긍긍했다.

며칠 후, 전화가 걸려 왔다.

"3차 최종 대상자로 선정되셨습니다."

나는 전화기를 꼭 쥔 채 잠시 멍해 있었다. 이제 정말 마지막 관문이 남았다.

[운명을 바꾼 작은 호기심] 마침내 열린 0.001%의 문

마지막 면접 날 회사 로비에 도착했을 때 이상한 점을 느꼈다. 다른 지원자가 보이지 않았다. 안내데스크에 확인해 보니 3차 면접은 개별적으로 진행된다고 했다.

"해준 님, 00층으로 올라가시면 됩니다. 이쪽으로 오세요."

입안이 바짝 말랐다. 직원의 안내를 받아 나는 임원이 있는 곳으로 갔다. 묵직한 보안 게이트가 나를 맞이했다. 출입 카드를 태그하고 들어가니 복도는 한층 더 조용했다. 벽면에는 회사의 역사를 보여주는 사진들이 걸려 있었다. 창립자부터 현재 회장까지 그룹의 역사가 한눈에 들어왔다.

00그룹 임원이 자리한 면접은 이전과는 완전히 다른 분위기였다. 냉정하고 무거웠다. 공기는 차가웠고 무뚝뚝한 표정에 싸늘한 눈빛이 서려 있었다. 시선은 하나하나 나를 꿰뚫고 있었다.

'여기서 긴장하면 끝이다.'

나는 스스로에게 주문을 걸며 의자에 앉았다. 임원이 하나둘 질문을 던지기 시작했다.

"부모님은 어떤 분이신가?"

"그동안 어떻게 살아왔나?"

"운동 경력은 얼마나 되나?"

질문 하나하나가 단순한 능력 검증을 넘어 깊이가 있었다. 그분은 기술적인 실력 평가를 넘어 내가 어떤 사람인지, 어떤 삶의 궤적을 그려왔는지를 더 중요하게 보는 듯했다. 나는 솔직하게 대답했다. 내가 왜 이 길을 선택했는지, 어떤 자세로 일해왔는지. 그분은 내 대답 하나하나에 깊은 의미를 부여하는 듯했다. 그리고 마지막 질문이 나왔다.

"이 일을 어떤 자세로 할 생각인가?"

이 질문이 가장 중요하다는 걸 직감했다. 나는 잠시 숨을 고르고 천천히 답했다.

"처음에는 단순한 호기심이었습니다. 하지만 면접을 거치면서 이곳에서 배울 것이 많다고 느꼈습니다. 기회가 주어진다면 운동을 넘어 더 큰 가치를 만들어가고 싶습니다."

그 순간 임원의 눈빛이 미묘하게 바뀌는 것을 느꼈다. 얼음장 같던 표정에 잠시 따뜻함이 스쳐 지나갔다. 그리고 면접은 끝났다.

나는 생각했다.

'이 정도면 됐을까?'

며칠 후 전화가 걸려 왔다.

"축하합니다. 최종 합격하셨습니다."

순간 세상이 멈춘 듯했다. 심장이 쿵쿵 뛰었고, 온몸에 전율이 퍼졌다. 옆에 있던 가족들이 환호성을 지르며 박수를 쳤다. 아버지가 내 어깨를 강하게 잡으며 활짝 웃으셨다. 그의 눈빛엔 오랜 갈등 끝에 얻은 인정과 응원이 담겨 있었다. 가슴이 뜨거워졌다. 이 순간을 위해 나는 그렇게 많은 시간을 견딘 것이었다. 운동을 반대하던 아버지께서 내 선택을 마침내 인정해 주신 것이다. 이 한 번의 성취가 아버지와 나 사이에 있었던 수많은 갈등과 오해를 씻어내는 듯했다.

작은 호기심이 인생을 바꾼다는 말을 나는 믿는다. 인생의 가장 큰 변화는 때로 가장 작은 순간에서 시작된다. 선배의 무심한 한마디, 호기심에 넣은 이력서, 그리고 자신을 증명할 기회를 놓치지 않았던 용기. 그 모든 선택과 기회의 연결고리가 지금의 나를 만들었다. 운명은 준비된 자에게 기회로 다가온다는 말이 이토록 진실일 줄이야. 그렇게 나는 ○○그룹 회장님의 전담 트레이너가 되었다. 하지만 거기서 끝이 아니었다. 단지 한 명의 재벌을 맡았다고 모든 것이 완성되는 게 아니었다. 그곳에서 나는 그들의 세계를 이해하고 그들의 언어를 배우며 때로는 선제적으로 상황을 예측하는 트레이너로 성장했다. 그렇게 쌓인 경험과 노하우는 또 다른 길로 이어졌다. 새로운 도전을 받아들여 또 다른 재벌 그룹에서 '두 번째' 회장님 전담 트레이너가 되었다. 다시 한번 선택받은 것이다. 그렇게 나는 그들이 사는 권력과 부의 세계로 더 깊이 들어가게 되었다. 그리고 이제, 새로운 임무가 나를 기다리고 있었다.

새로운 회사, 새로운 얼굴들. 다른 환경에서의 출근 날이 밝았다. 떨리는 손가락으로 최상층 버튼을 눌렀다. 심장 소리가 점점 빨라졌다. 곧 문이 열리면 새로운 세계가 펼쳐질 것이다. 나는 준비됐다. 이제, 진짜 도전의 시간이 시작된다. 앞으로 예상하지 못할 나의 어려운 여정은 수년간 계속될 것이었다.

재벌가 전담 트레이너가 되는 법

최상위 0.001%의 건강을 책임지는 '전담 트레이너 자리'는 누구에게나 열려 있지 않다. 20년 전 내가 겪었던 채용 과정에서 지금까지 변하지 않는 기준이 있는가 하면 새롭게 변화한 시대의 요구도 있다. 이 특별한 직업의 베일을 벗겨주겠다. 일반 헬스 트레이너나 전문가 지망생이라면 주목하자!

필수 자격 요건

- 폭넓은 경력과 전문 자격증
  - 단순 PT가 아니라 재활, 식단, 심리, 신경계까지 복합 지식 필수
  - 데이터 기반 분석 능력(바디 체크, HRV, ROM 검사, 근육 검사)이 최근 필수로 떠오름
- 긴급 상황 대처 능력 필수
  - CPR/AED 자격증은 기본. 경호 및 돌발 상황 대응이 트레이너 생존능력의 척도
- 해외 및 출장 유연성
  - 국내외를 오가는 회장님의 스케줄에 맞춰 언제든 동행할 수 있어야 한다. 유연성과 기동성이 필수적이다. 비자·여권 상시 준비, 해외 클라이언트 동행 경험 선호

- 리커버리 테크 및 재활 능력
- 단순히 운동 지도를 넘어 신체 회복과 컨디션 관리에 필요한 실전 심부 마사지, 교정, 통증, 테라피 기술은 강력한 강점이다. 테라건, 마사지건, 근막 이완 등 최신 회복 장비 활용 필수
- 외모 & 퍼스널 브랜딩
- 첫인상은 신뢰를 좌우한다. 단정하고 깔끔한 외모는 물론 자기관리가 철저하다는 인상을 주는 것이 중요하다. 과도한 문신, 염색, 피어싱은 감점 요소가 될 수 있다.

면접에서 주목받는 인재상

- 맞춤 솔루션 설계 능력
- PT 기획력, 개인 맞춤형 프로그램 디자인 가능자 선호
- 비밀 유지 & 윤리성
- VIP 사생활 보호 능력 + SNS 비밀 유지 준수 중요

- 소통력과 프레젠테이션 능력
 - VIP는 "가르치는 사람"보다 "함께 설계하는 파트너"를 원함. 커뮤니케이션이 핵심
- 지속 성장 마인드셋
 - 자기 계발과 업스킬(새로운 트레이닝 기술 습득)이 큰 경쟁력

이 모든 조건은 '단순한 트레이너'를 넘어 '최고의 건강 파트너'를 찾는 재벌가의 눈높이를 반영한다. 당신의 숨겨진 잠재력을 발견하자!

HRV 심박 변이도: (자율 신경계 균형, 스트레스, 회복도, 혈관 나이 파악)
ROM 관절 가동 범위: (유연성, 기능 평가, 운동 계획 수립)
CPR (심폐 소생술) & AED (자동 심장 충격기)

제1부

그들의 세상, 금단의 문을 열다

Part 2

0.001%만의 절대 건강 관리 비밀

 회장님의 그림자

아무도 몰랐던 전담 트레이너의 하루

[최상층의 긴장감] 매일 마주하는 침묵과 심리전

"띵—"

차가운 기계음과 함께 엘리베이터 문이 열린다. 여전히 익숙해지지 않는 가장 높은 층. 공기가 순간 무거워졌다. 폐 속까지 전해지는 긴장감. 형광등의 단조로운 빛이 반사된 바닥에 잠시 시선이 머문다. 귓가에는 간헐적으로 들려오는 공조시스템의 미세한 소음만이 감지될 뿐이다. 어느덧 시간이 흘렀지만 이 공간은 여전히 낯설다. 더 조용하고, 더 무겁고, 더 긴장감이 느껴진다. 시간이 지난다고 해서 익숙한 편안함이란 이곳에는 존재하지 않는다. 처음 떨리는 손으로 누른 최상층 버튼은 이제 매일의 루틴이 되었다. 그리고 그 버튼이 열어준 새로운 세계는 내 상상을 뛰어넘는 곳이었다. 그날의 첫 출근이 이렇게 긴 여정이 될 줄은 정말 몰랐다.

나는 짧게 숨을 들이마시며 어깨를 바로 세운다. 다시 한번 상의 유니폼의 목깃을 고르고 단추가 풀리지 않았는지 손끝으로 확인한다. 항상 단정하고 깔끔한 옷차림이어야 한다. 회장님의 가장 가까운 거리에서 일하는 사람으로서 나의 외형은 그분의 품격을 반영한다고 믿기 때문이다. 수년간 이 일을 반복하지만 이 순간만큼은 늘 긴장된다. 곧 회장님과 단둘이 마주해야 한다. 트레이닝을 지도하는 것이 표면적인 내 역할이지만 실상은 그보다 훨씬 복잡하다. 나는 그 시간 동안 흐름을 주도하고 적절한 주제로 대화를 이끌어야 하며 분위기를 유연하게 조절해야 한다.

회장님은 말씀이 별로 없으시다. 표정 변화도 거의 없다. 단지 그날의 목소리 톤과 가끔 미세하게 들리는 숨소리만이 그분의 감정 상태를 짐작하게 해주는 유일한 단서였다. 그렇다고 침묵이 길어지면 분위기가 어색해진다. 그래서 나는 가볍게 말을 붙이기도 한다. 때때로 회장님의 심기가 평소와 다르다는 것을 느낀다. 그럴 때면 머릿속이 더 바빠진다.

'무슨 일이 있으셨나? 오늘은 어떤 화제를 꺼내야 분위기가 부드러워질까?'

불필요한 질문은 삼가야 한다. 그렇다고 어색한 침묵을 방치할 수도 없다. 이 미묘한 줄타기는 매 순간 여전히 어렵다.

"오늘은 어떤 운동을 하면 되지?"

회장님이 물으실 때면 그날의 컨디션에 맞춘 세션을 즉시 제안한다. 대외 발표가 있는 날은 상체와 코어 운동으로 자세를 바로잡고, 장시간 비행 후에는 하체 순환을 돕는 스트레칭을 집중적으로 한다. 이 모든 판단은 순간적으로 이루어져야 한다. 가끔 회장님의 의중과 기분 상태를 파악하고 싶어 비서에게 조언을 구하기도 한다. 그러면 비서들은 가끔 농담처럼 말했다.

"우리 그룹에서 회장님을 이렇게 자주, 그리고 오랜 시간 독대하는 사람은 없어요. 우리보다 회장님을 더 잘 아는 게 코치님 본인이에요."

그 말이 과언은 아니었다. 나는 트레이너 이상의 역할을 해야 했다. 회장님의 컨디션을 유지하는 책임자였고 필요할 때는 수행원이었으며, 어떤 날은 심리적 긴장을 풀어주는 세심한 관리사였다.

[트레이너를 넘어선 역할] 출장, 건강, 수행까지

그리고 무엇보다 중요한 역할은 '그림자'였다. 늘 보이지 않게 곁에 있으면서도 필요한 순간에는 반드시 존재감을 발휘해야 했다. 반대로 너무 흐릿해지면 필요한 순간에 제대로 기능하지 못할 수도 있다. 회의실 문 앞에서 기다리거나, 식사 자리에서 적당한 거리를 유지하거나, 전화 통화가 끝나기를 기다리는 순간들. 그 모든 상황에서 나는 '존재하되 존재감을 드러내지 않는' 미묘한 균형을 유지해야 했다.

여름쯤 회장님과 함께 장기 출장을 갔을 때다. 비행기는 정시에 도착했지만 나는 이미 전날 비행기로 먼저 도착해 있었다. 호텔에 도착하면 가장 먼저 할 일은 모든 것을 빈틈없이 갖추는 것이다. 캐리어를 풀고 운동 장비를 정리한다. 스트레칭 매트를 소독하고 필요한 물품이 빠지지 않았는지 점검한다. 공용 이어폰 대신 새 제품을 준비하고 회장님이 선호하는 생수와 0칼로리 탄산음료는 냉장고에 따로 보관해 둔다. 이 모든 것은 회장님이 도착하기 전 조용히, 그러나 완벽하게 끝나야 했다. 사소한 불편함도 용납할 수 없다는 것이 나만의 원칙이었다. 단 하나의 오차도 허용돼서는 안 된다.

그중에서도 운동 환경 체크는 기본 중의 기본이다. 러닝머신 벨트 상태를 직접 발로 뛰며 테스트하고 웨이트 기구를 하나하나 작동하며 확인한다. 호텔 헬스장이 쾌적한 사용을 위해 항시 관계자들과 미팅을 잡고 운동 시간과 공간을 어떻게 활용할지 논의했다. 회장님 운동 시간은 하루 컨디션을 결정짓는 중요한 시간이다. 그 어떤 방해 요소가 있어선 안 됐다. 누구도 알아주지 않지만 이 작은 준비들이 회장님의 하루를 지탱하는 기반이 된다. 출장지에서는 변수가 많았다. 그래서 더욱 민감하게 움직여야 했다.

그리고 이 모든 것보다 중요한 건 식단 관리였다. 호텔 조리장을 만나 미팅을 가졌다.

"회장님은 향신료가 강한 음식을 피하셔야 합니다. 그리고 닭가슴살은 수비드 방식으로 조리해 주세요. 질감이 부드러워야 합니다."

식단 조율은 세심한 과정이다. 호텔 조리장과 직접 만나 식재료 하나하나를 체크하고 조리법까지 꼼꼼히 조율한다. 장거리 이동이나 업무 강도가 높은 날은 회복을 위한 특수 식단도 준비한다. 특히 진흙 오리구이가 대표적인 예다. 한약재를 넣어 오리를 감싸 구우면 육즙과 영양이 보존되며 해독 작용과 피로 해소에 탁월한 효과가 있다. 특히 중년의 기력에 좋은 음식이다. 하루 일정을 모두 끝내고 돌아와 만찬 장소로 오셨을 때 익숙한 음식의 향과 최적의 온도로 준비된 식사가 기다리고 있는 것. 그것이 회장님의 피로를 덜어주는 첫 번째 단계였다. 출장 일정이 길어질수록 이 모든 조율은 더 정교해진다. 단순한 관리가 아닌 회장님의 하루를 섬세하게 설계하는 작업이다.

[돌발 상황 속에서] 직감과 순발력이 만든 안전망

출장지에선 예상치 못한 상황이 생긴다. 그날 헬스장에서 있었던 일은 지금도 생생하다. 회장님과 함께 웨이트 트레이닝을 하던 중 갑자기 한 남자가 빠른 걸음으로 다가왔다.

"혹시… A 회장님 아니세요? 잠시 얘기 좀 할 수 있을까요?"

순간적으로 나는 회장님과 그 사람 사이에 살짝 끼어들며 위치를 잡았다. 표정은 부드럽게 유지하면서도 다리는 45도 각도로 벌려 중심을 낮추었다. 손은 자연스럽게 배꼽 높이에 두어 언제든 방어 자세를 취할 수 있게 했다. 겉으로는 평온했지만 모든 근육이 경계 상태로 긴장했다. 심장이 빠르게 뛰었다.

'이 사람 의도는 무엇인가? 혹시 위험한 물건을 소지하고 있지는 않은가?'

불과 2초 만에 이런 생각들이 머릿속을 스쳐 지나갔다.

다행히 그는 단순한 팬이었다. 회장님은 짧게 악수하고 인사를 나누셨다. 하지만 그 짧은 시간 동안에도 나는 그 사람의 손, 표정, 행동 하나하나를 놓치지 않고 관찰했다. 이런 돌발 상황이 끝나고 나면 몸에서 분비된 아드레날린이 서서히 빠져나가며 미세한 떨림이 남곤 했다. 경호원도 아닌 내가 이런 역할을 하게 될 줄은, 트레이너가 되었을 때는 상상도 못 했다. 이것 또한 내 역할의 일부라는 것을 깨달았다. 사람들은 내가 운동만 가르친다고 생각하겠지만 나는 회장님의 하루를 지키는 마지막 방어선이었다.

[손끝으로 읽는 피로] 기술을 넘어선 교감

해가 지고 불빛이 물든 출장지에 스카이라인이 보이는 저녁, 회장님은 지친 모습으로 호텔 스위트룸으로 돌아오셨다. 문이 열리자마자 감지한 그분의 걸음걸이는 평소보다 무거웠다. 어깨는 약간 앞으로 숙여져 있었고 넥타이는 살짝 풀어져 있었다.

"오늘 좀 피곤하네. 테라피 좀 해줄 수 있나?"

그 목소리에서 하루의 피로가 묻어났다. 나는 이미 마사지 테이블과 온열 패드를 깔아두고, 아로마 디퓨저를 준비해 둔 상태였다. 유기농 오일 혼합 제품을 이용해 근육의 쿨링과 회복 작용을 최대한 끌어올릴 것이다. 최근 회장님의 오른쪽 견갑골 아래 근육이 단단하게 굳어 있었기에 해당 부위에 집중하기로 계획했다.

"네. 모두 준비되어 있습니다. 편하게 옷을 갈아입으시고 50분만 시간을 주시면 컨디션을 회복시켜 드리겠습니다."

마사지 테이블에 누우신 회장님은 무거운 한숨을 내쉬었다. 나는 손끝으로 근육의 긴장도를 살피며 테라피를 시작했다. 먼저 부드러운 터치로 전체적인 흐름을 만들고 점차 깊은 조직까지 손가락이 닿도록 압력을 증가시켰다. 가장 단단한 부위에는 팔꿈치를 이용한 심부 마사지로 오래된 근막을 풀어냈다. 손끝에 닿는 근육의 온도, 단단함, 그리고 짧은 한숨까지… 나는 말이 아닌 감각으로 회장님의 피로를 읽는다. 나의 가장 큰 장점인 두툼한 손과 힘찬 압은 웬만한 근육들의 뭉침 정도는 능히 녹여낼 수 있다.

50분의 테라피가 끝났을 때 회장님의 호흡은 깊고 안정적으로 변해 있었다. 그분께서 나를 바라보며 짧게 말씀하셨다.

"덕분에 몸이 확실히 가볍네. 고마워. 수고했어."

그 한마디가 내 역할을 설명하는 전부였다. 회장님의 짧은 한마디에 온종일 팽팽했던 긴장이 눈 녹듯 스르르 풀렸다. 어쩌면 이 순간을 위해 오늘 하루를 버틴 것 같았다. 작지만 분명한 성취감이 온몸으로 퍼졌다. 룸으로 돌아가는 길. 복도의 조명이 어둡게 깜빡인다. 하루의 끝을 알리는 신호 같았다.

트레이너인가, 수행원인가. 아니면 그림자인가. 이름은 중요하지 않다. 중요한 건 내가 그 모든 역할을 완벽하게 해내야 한다는 것, 그것이 바로 CEO 곁에서 수년간을 버틴 나만의 비결이다. 나는 회장님의 건강을 지키는 파수꾼이다. 체력을 만들어주는 트레이너이자 심리적 안정을 돕는 상담자이며 필요할 때마다 나타났다가 보이지 않게 사라지는 그림자다. 내일도 나는 그림자처럼 회장님 곁에서 보이지 않게, 그러나 필요할 때는 언제든 나타날 준비를 하며 움직일 것이다. 오늘 하루도 무탈한 것에 감사드린다.

에피소드

기막힌 확률, 벼락의 선택

　회장님의 전담 트레이너로 일하면서 때때로 믿기 어려운 일들도 겪곤 했다. 그중 가장 황당했던 사건이 있었다. 회장님 별장에는 단 하나의 러닝머신이 있었다. 평소에는 조용한 그곳에서 러닝을 즐기시곤 했다. 그런데 어느 날 기묘한 일이 벌어졌다. 오후 늦게 비가 추적추적 내리더니 갑자기 '쾅!' 하는 굉음이 들렸다. 순간 정전이 되더니 별장 내부가 잠시 어둠에 휩싸였다.

　'뭐지?'

　밖에서 벼락이 친 것 같았다. 그런데 더 황당한 건 별장 안 모든 전자기기는 멀쩡한데 오직 러닝머신 하나만 타버렸다는 거다. 정확히 말하면, 벼락의 전류가 타고 들어와 러닝머신의 일부가 타버린 것이었다.

　"아니, 이 넓은 별장에서 왜 하필 러닝머신에만?"

　벼락 맞을 확률에 가까운 0.0001%. 정말 기가 막혔다. 웃어야 할지 울어야 할지.

　더 큰 문제는 다음 날 아침이었다. 러닝머신이 없으면 회장님이 운동할 수 없었다. 급히 A/S 업체에 연락했지만 저녁 시간이라 곧바로 올 수 없다고 했다. 게다가 여기는 지방이라 며칠 걸릴 수도 있다는 답변이 돌아왔다. 나는 무조건 해결해야 한다는 생각뿐이었다.

　'그렇다면 이 방법뿐이다.'

　나는 지금까지 살아오며 가장 불쌍한 목소리로 기술자에게 호소했다.

　"OO님, 제발 부탁드립니다. 저 여기서 잘리면 갈 데도 없어요. 같은 애 아빠끼리 이러시면 안 되죠."

　나는 거의 애원하다시피 업체 기술자를 설득했다. 다행히도 그날 밤늦게 한 명이 와 주기로 했다. 그 기술자가 내게는 생명의 은인과도 같았다. 정말 고마운 나머지 내 사비로 저녁 식사 비용을 드렸다.

　다음 날 아침 회장님은 아무 일도 없었다는 듯 러닝머신 위에서 워킹을 시작하셨다. 출발 버튼을 누르고, 나는 슬쩍 하늘을 바라봤다.

　'오늘은… 벼락 안 칠 거지?'

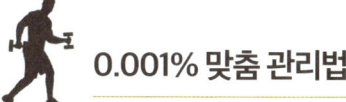

0.001% 맞춤 관리법

운동·식단·클린리셋 완전 공개

※ 클린리셋 - 재벌들이 주기적으로 몸을 비우는 방법

[돈으로 살 수 없는 단 하나] 건강, 마지막 보루

그날은 평소와 다르지 않게 시작됐다. 아침 7시, 회장님의 건강 관리 세션을 위해 리조트 스위트룸에 도착했다. 하지만 회장님의 얼굴은 창백했고 눈에는 피로가 가득했다. 밤새 그룹 비상 회의로 잠을 제대로 못 주무셨다고 했다.

"오늘은 어떤 운동으로 시작할까요?"

내가 물었다. 회장님은 힘없이 웃으며 대답하셨다.

"내가 돈으로 모든 걸 살 수 있지만 아침 컨디션을 살 수는 없군."

그 한마디가 내 가슴을 정통으로 때렸다. 어쩌면 회장님의 그 짧은 고백은 지금껏 내가 수십 번 강조했던 '건강의 본질'을 가장 간결하게 요약한 문장이었다. 돈으로는 살 수 없는 단 하나. 결국은 '몸의 상태'였다. 이 말을 듣고 나 역시 새로운 시각이 열렸다. 나는 오랜 시간 회장님들과 지내면서 가까이 그들의 삶을 지켜봤다. 겉으로는 화려하고 모든 걸 가진 듯 보였지만 결국 가장 두려워했던 건 '몸이 무너지는 순간'이었다. 실제로 한 대기업 회장님의 건강이 급격히 악화한 후 회사 전체가 흔들렸던 장면을 뉴스를 통해 보면서 이런 생각은 더욱 확고해졌다.

2021년 포브스가 세계 억만장자 500명을 대상으로 실행한 '부와 웰빙' 조사에 따르면 응답자의 78%가 "건강 상실이 가장 두려운 위험 요소"라고 답했다. 이 통계는 그들이 가진 모든 것이 건강이라는 토대 위에 세워진 모래성과도 같다는 것을 명확히 보여준다.

이들에게 운동은 단순한 취미나 사치가 아니었다. 생존을 위한 절박한 싸움이었고 건강은 반드시 지켜야 하는 마지막 보루였다. 그러나 문제는 그들에게 시간이 절대적으로 부족하다는 것이다. 아침부터 밤까지 이어지는 미팅, 회의, 출장, 그리고 심지어 술자리까지도 업무의 연장이었다. 체력이 받쳐주지 않으면 하루도 버티기 힘든 스케줄. 따라서 짧은 시간 안에 최대의 효과를 끌어내야만 했다. 그래서 회장님에게는 '운동'이 아닌 '최적화된 건강 관리 시스템'이 필요했다.

[24시간 루틴 전격 해부] 숨겨진 건강 설계

나는 그들과 함께하며 매일 조금씩 다른 운동 루틴을 설계했다. 근력만 키우는 단순한 방식은 결코 효율적이지 않았다. 서스펜션(TRX) 운동, 복합 스쿼트처럼 여러 근육을 동시에 사용하는 운동을 통해 짧은 시간에도 체력과 유연성, 근력을 모두 챙겨야 했다. 이런 시스템을 구축하며 나는 회장님만을 위해 이른바 'CEO 중년 체력' 프로그램을 만들었다.

기능성 운동(일상 동작에 필요한 근력과 균형을 키우는 실용적인 운동)으로 온몸을 효율적으로 사용하고 덤벨 복합 운동으로 근력을 다지는 방식이었다. 심폐기능과 컨디션을 끌어올려 직무 효율을 높이도록 고안했다.

회장님의 호흡이 점차 깊어졌다. 처음에는 얇고 빠르던 숨소리가 점점 깊고 안정적으로 변했다. 이마에 땀이 맺히기 시작했다. 하지만 눈빛은 점점 더 또렷해졌다. 마지막 스트레칭에 이르자 회장님의 얼굴은 완전히 달라져 있었다. 뻣뻣했던 몸이 어느새 유연해졌다. 땀으로 촉촉해진 그 얼굴에는 생기가 돌았고, 눈은 맑게 빛났다.

"30분이었지만, 온몸이 다시 살아나는 것 같군."

회장님이 땀을 닦으며 웃으셨다. 그 웃음에서 종일 쌓였던 피로가 조금은 사라졌음을 느낄 수 있었다.

"네, 회장님. 시간이 부족하다고 해서 효과까지 부족할 필요는 없으니까요."

회장님의 운동은 일반인과 달랐다. 그분에게는 '한 시간 동안 가볍게 러닝'과 같은 여유가 없었다. 관건은 귀중한 시간을 압축해 최적의 결과를 얻어내는 것이었다. 운동 시간이 길다고 좋은 것이 아니라는 점을 나는 늘 강조했다. 그렇게 매일 다르게 설계하며 맞춰가던 중 어느 날이었다. 운동 세션을 준비하고 있는데 비서에게 연락이 왔다.

"오늘은 몸 상태가 별로 안 좋으신 것 같아요."

나는 즉시 회장님의 상태에 맞춘 새로운 계획을 구상하며 준비를 마쳤다. 문이 열리고 회장님이 나타나셨다. 평소와 달리 지쳐 보이시고 운동복도 많이 헝클어져 있었다. 회장님은 무겁게 웃으며 말했다.

"오늘은 몸이 말을 안 듣는군."

그 순간부터 이미 머릿속에서는 새로운 루틴이 빠르게 설계되고 있었다. 피곤한 날에는 과감히 스트레칭 중심의 루틴으로 바꿔 무리 없이 몸을 풀었다. 운동은 그 자체가 목적이 아니라 하루를 버티기 위한 필수적인 도구였다.

[스트레스와 회복의 비밀] 몸을 재탄생시키는 '클린리셋'의 힘

그러나 운동만으로는 부족했다. 몸을 관리한다는 것은 결국 총체적 시스템이었다. 운동, 식단, 스트레스 관리, 수면. 이 네 가지가 완벽하게 균형을 이루어야 했다. 그리고 그들은 누구보다 이 사실을 잘 알고 있었다.

그렇다면, 회장님들의 하루를 어떻게 설계했을까?

특히 식단은 하루를 지탱하는 핵심이었다. 회장님은 자주 이렇게 말했다.

"몸을 만드는 건 결국 음식이야."

그래서 식사 하나하나까지 철저하게 설계했다. 아침 식사는 특별히 뇌 활성화에 초점을 맞췄다. 오메가-3 지방산이 풍부한 견과류, 폴리페놀이 가득한 블루베리, 그리고 천천히 에너지를 방출하는 오트밀. 이 세 가지로 구성한 아침 식단은 두뇌 활동을 최적화하기 위한 선택이었다. 점심은 에너지와 심장 건강을 위해 신중하게 구성했다. 오메가-3와 비타민 E가 풍부한 연어, 혈당을 천천히 올려주는 현미밥, 그리고 몸의 피로를 줄이고 심혈관 건강을 돕는 아보카도를 샐러드와 함께 준비했다. 저녁 식사는 하루 동안 축적된 피로를 풀고 근육의 회복과 숙면을 돕기 위한 식단으로 구성했다. 고단백 저지방인 닭가슴살, 비타민과 미네랄이 풍부한 채소구이로 몸의 긴장을 완화하고 다음 날의 활력을 준비하도록 했다.

그렇게 하루하루를 섬세하게 설계한 결과 출장 중에도 그 차이는 분명히 나타났다. 외부 업무에서 돌아온 회장님은 평소보다 활기찬 모습이었다. 그리고 웃으며 말씀하셨다.

"이번에는 컨디션이 달랐어. 체력이 잘 안 떨어져. 역시 식단이 중요해."

나는 조용히 미소 지었다. 그것은 단순한 식단의 힘이 아니라 몸에 대한 깊은 이해와 과학적 접근의 결과였다. 이 모든 식단은 값비싼 식재료가 아닌 '에너지 흐름을 설계한 식사'였다. 하루의 흐름에 따라 뇌, 심장, 근육, 장을 모두 케어하는 전략이었다. 아침에는 뇌를 깨우고 점심에는 에너지를 지속시키고 저녁에는 회복을 돕는 식사. 이런 접근법은 단순한 영양 섭취를 넘어 하루의 리듬을 설계하는 것이었다.

"음식이 곧 몸이다, 라는 말이 있잖아. 그 말이 정말 맞는 것 같아."

회장님이 어느 날 저녁 간소하지만 영양이 풍부한 식사를 마치며 말씀하셨다. 그날 저녁은 구운 연어와 제철 채소, 그리고 약간의 퀴노아로 구성된 간단한 식사였다.

"젊었을 때는 음식에 크게 신경 쓰지 않았어. 하지만 이제 음식 하나로 내일의 컨디션이 완전히 달라진다는 걸 느껴."

회장님의 말씀에 깊이 공감했다. 영양은 단순한 맛의 문제가 아니라 기능의 문제였다. 특히 그분처럼 하루에도 수십 개의 중요한 결정을 내려야 하는 사람에게는 더욱 그랬다.

몸 관리의 정점은 스트레스와 피로 관리였다. 회장님들이 하루에도 수십 개의 중대한 결정을 내리며 쌓이는 스트레스는 보통 사람들이 상상하기 어려운 수준이었다. 그럴 때마다 나는 그들의 긴장을 풀기 위해 컨디셔닝 테라피를 실시했다. 특히 장시간 전략회의 후 호텔 방에서의 테라피는 하루 동안의 긴장과 피로를 씻어내는 가장 좋은 방법이었다.

"운동보다 자네가 해주는 테라피가 하루를 버티는 데 더 큰 힘이 돼."

어느 날 회장님의 이 한마디는 내가 왜 이 일을 하는지 다시금 깨닫게 했다. 더 나아가 그들은 일 년에 한 번씩 몸을 리셋하는 시간을 가졌다. 단순한 다이어트가 아니라 몸을 세포 단위로 정화하고 재생시키는 특별한 60일간의 기간이었다. 이 시기는 마치 삶의 중요한 재충전을 위한 의식과도 같았다.

"올해도 할 시간이 됐군. 작년보다 더 엄격하게 해볼까?"

회장님은 항상 새로운 도전을 즐겼다. 우리는 8주간의 간헐적 단식과 저탄수화물 고단백 식이요법을 결합한 프로그램을 시작했다. 오전 10시부터 저녁 6시까지만 먹는 '8시간 식사 윈도우'를 적용했다.

"해준 트레이너. 이 생물학적 정화 과정이 정말 효과가 있는 거야?"

나는 노벨 생리학상을 받은 '자가포식 작용(Autophagy)' 연구를 간단히 설명했다. 단기간의 제한적 식이요법은 세포가 오래된 단백질과 손상된 세포 기관을 제거하고 재활용하는 과정을 활성화한다는 것이다. 8주간의 프로그램이 끝난 후 회장님은 20kg의 체중 감량과 함께 놀라운 변화를 경험했다.

"몸이 가벼워졌을 뿐만 아니라 머리도 맑아졌어. 완전히 리셋한 느낌이야."

나는 이런 과정을 옆에서 직접 보면서 감탄을 금치 못했다. 무엇보다 감명 깊었던 것은 회장님들이 이 리셋 과정을 얼마나 진지하게 받아들이고 실천하는가였다. 세상은 그들의 화려한 모습만을 보았지만 나는 그들이 자기와의 조용한 싸움 속에서 얼마나 철저하고 진지한지를 가까이서 지켜보았다. 회장님은 진짜로 최선을 다해 열심히 하셨다.

"몸이 좋아지니까 결국 생각도 더 맑아지는군."

한 회장님은 이 리셋 기간 후 이렇게 말씀하셨다. 그의 눈빛에서 나는 단순히 몸을 넘어 마음과 정신까지 새롭게 태어난 듯한 느낌을 받았다.

재벌들의 건강 관리는 절대 화려하지 않았다. 조용하고 철저하며 은밀했다. 하루하루의 작은 습관이 쌓여 결국 큰 차이를 만들었다. 나는 이런 분들의 곁에서 몸을 관리하는 법뿐 아니라 삶을 대하는 태도까지도 배울 수 있었다. 돌이켜보면 회장님들과 함께한 시간은 나에게도 무언가를 바꿔놓았다. 처음에는 그저 운동 지식을 전달하는 트레이너였지만 어느새 나도 그들의 철학을 내 삶에 적용하고 있었다. 나의 일과도 더 이른 아침에 시작되있고 식단도 더 섬세하게 관리하기 시작했다. 작은 습관의 힘이란 그것을 실천하는 사람의 지위와 상관없이 동일하게 작용한다는 사실이 놀라웠다.

'회장님들과 나 사이의 유일한 차이는 무엇일까?'

종종 그런 질문을 스스로에게 던졌다. 그들에게도 하루는 24시간이고, 세끼 식사한다. 나 역시 마찬가지다. 결국 본질적인 차이는 '선택'이었다. 그들은 언제나 더 가치 있는 방향으로 기울었다. 스트레스를 받는 순간에도 건강을 해치는 음식 대신 마음을 다잡는 명상을 택했고, 피곤한 날에도 운동 시간을 절대 포기하지 않았다. 그 모습을 곁에서 지켜보며 내 삶의 작은 선택들 또한 다시 바라보게 되었다.

오늘도 그들의 조용한 전투를 곁에서 응원하며 함께 걷는다. 어쩌면 나 역시 자신과의 싸움에서 이기는 법을 배우는 중인지도 모른다. 회장님들 덕분에 깨달은 것이 있다면 그것은 이 길이 단지 '지도자'로 머무는 자리가 아니라 내 삶의 회장으로 살아가는 법을 배우는 과정이라는 점이다.

단 한 번뿐인 삶. 어떤 선택이 내 건강과 시간을 가장 가치 있게 만들까? 재벌이든 평범한 사람이든 결국 우리 모두에게 주어진 질문은 같다. 진짜 부자의 기준은 자신을 얼마나 철저히 돌보고 지킬 수 있느냐에 달려 있다. 그리고 오늘도 그 답을 찾기 위한 훈련은 계속되고 있다.

에피소드

닭가슴살 셰이크, 회장님의 미각 도전기

다이어트에 진심이셨던 회장님께 '이번엔 특별한 걸 대접해 보자!'" 하는 마음으로 '스페셜 다이어트 셰이크'를 준비하기로 했다. 재료는 간단했다. 삶은 닭가슴살, 약간의 과일 (바나나), 요구르트, 그리고 물. 딱 '건강' 그 자체였다.

믹서기를 돌릴 때부터 불안한 예감이 엄습했다. 닭 특유의 냄새가 주방을 지배하고 있었기 때문이다. 그래도 '회장님은 강하시니까 이 정도쯤이야'라고 스스로 다독이며 셰이크를 정성껏 완성했다.

회장님께 셰이크를 건네며 속으로는 은근히 기대했다.

'과연 어떤 표정을 지으실까? 한 입 마시고 깜짝 놀라시지 않을까?'

회장님은 별말 없이 컵을 들었다. 그리고 숨도 쉬지 않고 벌컥벌컥 한 번에 셰이크를 삼키셨다. 그 순간 인상이 잠시 찌푸려지는 듯했다 옆에서 지켜보던 I 는 감탄과 불안이 동시에 밀려왔다.

'와, 진짜 드셨네? 오~'

그런데 다음 순간, 회장님이 자리에서 벌떡 일어나셨다. 말없이 냉장고 앞으로 가시더니 차가운 물을 벌컥벌컥 들이키셨다. 컵을 다 비운 뒤 아무 말 없이 방을 나가셨다. 그 순간 깨달았다.

'아… 진짜 맛없었구나…'

그 셰이크는 그날 이후 다시는 회장님의 식단에 오르지 않았다.

출장부터 라이프스타일까지

숨은 건강 관리의 기술

[총력전의 시작] 현장에서 완성되는 최적 루틴

비서실에서 문자가 도착했다.

"내일 회장님 제주도 출장 확정되었습니다. 트레이너님, 준비 부탁드립니다."

짧은 한 줄이 나의 일상을 완전히 바꿔놓는다. 회장님의 제주도 출장은 1년에 여러 번씩 정기적으로 있는 일이었지만, 그때마다 내 마음은 보이지 않는 총력전을 앞둔 것처럼 새롭게 긴장했다. 이것은 단순한 출장 동행이 아니었다. 공식 출발일보다 먼저 나는 짐을 싸고 있었다. 트레이닝 장비, 소독제, 회장님이 즐겨 사용하는 헬스용 장갑과 보호대, 비상약품, 그리고 마지막으로, 회장님 선크림까지 '놓치는 게 없나?' 마음속으로 몇 번이고 체크리스트를 점검했다. 제주도는 서울과 달리 날씨 변화가 심했기에 가벼운 바람막이 재킷과 방수 운동화도 챙겼다. 나의 준비는 단순한 짐 싸기가 아니라 앞으로 일어날 모든 상황에 대한 예측과 대비였다.

한발 앞서 움직이는 것이 나의 역할이었다. 아침 첫 비행기로 먼저 제주에 도착한 나는 공항을 빠져나와 곧장 리조트로 향했다. 숙소에 짐을 풀기 전에 이미 리조트 피트니스 센터부터 찾아 운동 공간을 점검하고 근처 산책 코스를 둘러보며 GPS에 저장했다.

리조트 피트니스 센터로 들어서자 제주의 햇살이 큰 창을 통해 쏟아져 들어왔다. 러닝머신 벨트 마찰을 손으로 느끼고 덤벨의 그립을 잡아본다. 미세한 먼지 하나에도 신경이 곤두선다. 러닝머신 위에 올라 걸어보며 소리와 안정성을 체크했다. 약간 소음이 있어 담당자에게 즉시 조정을 요청했다. 특히 위생에 많이 신경 쓰는데 헬스장 안은 자칫 세균의 온상이 될 수도 있기 때문이다. 그래서 회장님 피부와 닿는 기구는 소독제를 뿌려서 닦아 내거나 수건을 깔아 피부에 닿지 않도록 한다.

회장님 방으로 이동해 환기했다. 제주의 신선한 공기가 방 안을 가득 채웠다. 창밖으로는 푸른 바다가 시원하게 펼쳐져 있었다. 침대 옆에는 미리 주문해 둔 제주 감귤과 삼다수를 세팅했다. 회장님이 좋아하시는 향의 방향제를 살짝 뿌리고, 바닥에는 스트레칭 매트를 미리 깔아두었다. 모든 준비가 끝났다.

숨을 고르며 창밖 제주의 푸른 바다를 바라봤다. 이제 진짜 시작이다. 회장님은 오후 비행기로 도착 예정이었다. 아직 몇 시간의 여유가 있었지만 나는 이미 그분의 하루 일정을 머릿속으로 시뮬레이션하고 있었다. 출장지에서 가장 중요한 건 루틴을 무너뜨리지 않는 것이었다.

[위기는 없다] 출장지에서의 유연한 관리법

회장님 도착 당일 예정된 운동 시간이 다가오는데 호텔 헬스장 러닝머신이 갑자기 작동하지 않는다. 투숙객들 여럿이 사용하다 보니 고장이 빈번한 것 같다. 다른 러닝머신도 마찬가지였다. 순간 당황스럽고 짜증이 났다. 한

숨이 절로 나왔다. 하지만 멈출 수 없었다.

　나는 즉시 플랜 B를 가동했다. 미리 파악해 둔 인근 공원으로 이동하기로 한 것이다. 스트레칭 매트를 들고 빠르게 현장 점검을 마쳤다. 바다의 짭조름한 공기가 코를 찌르고 바람이 약간 거칠었다. 다행히 조용하고 평평한 코스였다. 회장님께는 자세한 상황을 설명하지 않고 야외에서 해보실 것을 말씀드렸다. 성품이 좋으신 회장님은 흔쾌히 알겠다고 하셨다. 어려운 여러 상황을 회장님께 일일이 말씀드릴 필요는 없다. 급박한 상황이 아닌 이상.

　우리는 해안 산책로로 향했다. 늦은 오후의 햇살이 바다 위로 금빛 길을 만들고 있었다. 회장님은 처음에는 다소 어색해하셨지만 몸을 움직이기 시작하자 금세 적응하셨다. 오히려 평소보다 더 활기차 보이셨다.

　"생각보다 괜찮군. 실내보다 이런 곳에서 운동하는 게 더 좋은 것 같아."

　회장님의 목소리에는 상쾌함이 묻어났다. 신선한 바닷바람과 자연 속에서 하는 운동은 예상치 못한 행운이었다. 때로는 계획의 변경이 더 좋은 결과를 가져오기도 한다. 그날 이후로 회장님은 종종 야외 산책로에서 운동하기를 원하셨다. 의외의 상황이 새로운 루틴을 만들어낸 순간이었다.

　잊을 수 없는 기억이 있다. 폭우가 쏟아지는 저녁에 회장님께서 비를 맞고 같이 걷자고 하셨다. 우리는 호텔 우산을 챙기지 않고 그대로 밖으로 나갔다. 빗방울이 우리의 얼굴을 강하게 때렸다. 회장님의 얼굴에서 미소가 번졌다. 그분은 깊은 심호흡과 함께 하늘을 올려다보셨다. 고급 트레이닝복이 빗물에 흠뻑 젖었지만 전혀 개의치 않으셨다. 그 순간 내 앞에 선 사람은 대기업 회장이 아니라 단지 인생의 무게를 잠시 내려놓은 한 인간의 모습이었다. 나는 그날 그분의 또 다른 면을 보았다. 모든 것을 통제하고 계획하던 경영자가 아닌, 순간의 자유를 갈망하는 자유인의 모습을.

　그리고 다음 날 아침, 감기나 몸살은커녕 회장님의 에너지는 이전 어느 때보다 넘쳤다. 때로는 틀에서 벗어나는 것이 더 큰 활력을 가져다준다는 것을 다시 한번 확인했다. 만약 조금의 사고라도 있었다면 '왜 말리지 않았냐?'라는 질책을 받았을 것이다. 하지만 현장에서의 판단이 교과서적 지식을 넘어 인간적 직관을 따라야 할 때가 있다. 그 순간, 나는 직관을 믿었다.

출장의 또 다른 난관은 '일관된 식단 관리'였다. 특히 바쁜 업무 일정으로 인해 이동 중이나 외부 식사 자리가 많았기 때문에 식단 관리가 흐트러지기 쉬웠다. 하지만 회장님의 건강 관리를 위해 나는 미리 특별히 고안된 맞춤 도시락을 준비했다. 이 특별 도시락은 일반적인 도시락이 아니었다. 이동 중에 손쉽게 섭취할 수 있으면서도 회장님의 건강 상태와 컨디션을 철저히 고려한 맞춤형 식단이었다.

작은 박스 안에는 아기자기하게 특별한 음식들과 샐러드, 견과류, 그리고 소화를 돕는 제주 감귤 몇 조각이 담겨 있었다. 외부로 출발하시기 전 조심스레 도시락을 건네며 말씀드렸다.

"회장님. 이동 중에 드실 도시락입니다."

회장님은 아무 말 없이 받으셨다. 항상 그렇지만 무뚝뚝한 표정이다. 그리고 잠시 후 조용히 웃으며 말했다.

"고마워. 오늘도 식단 조절 잘 해볼게."

그 말에 가슴 한쪽이 따뜻해졌다. 이러한 순간들이 내 일의 의미를 만들어주었다. 단순한 트레이너가 아닌, 누군가의 건강과 컨디션을, 나아가 그날의 성과를 지켜주는 사람이라는 것.

제주 현지에서도 건강 관리 식단은 철저한 준비가 필요했다. 미리 메뉴를 확인하고 가능하면 조리장과 직접 대화해 회장님의 식단에 맞춘 요리를 준비해달라고 요청했다. 특히 제주도는 해산물이 풍부했기에 신선한 제철 생선과 해조류를 활용한 건강식을 자주 주문했다. 제주의 신선한 식재료는 서울에서 맛볼 수 없는 특별한 영양소를 제공했다. 가끔은 호텔 지배인과 맛집을 먼저 가보고 음식 시식 후 맛이 괜찮으면 회장님을 그곳으로 모시기도 했다. 이 모든 것은 보이지 않는 곳에서 이루어지는 나만의 작업이었다.

[균형의 조율자] 즐거움과 절제의 줄타기

　완벽한 자기관리란 무조건 금욕적인 삶을 의미하지 않았다. 회장님과 함께하는 동안 나는 그것을 몸소 배웠다. 때로는 즐거움도 삶의 일부였다. 다만 그 즐거움조차도 무너지지 않도록 '균형'을 유지하는 것이 진짜 고수들의 방식이었다. 회장님은 가끔 저녁이면 와인을 즐기셨다. 붉은빛이 비치는 와인잔을 조심스럽게 들고 짧게 숨을 고르며 향을 맡는 모습은 하루의 긴장을 내려놓는 그분만의 의식 같았다.

　그럴 때면 나는 조리장과 준비해 둔 작은 건강 안주 플래터를 조용히 테이블로 이동시켜 두었다. 구운 아몬드와 호두 믹스, 저염 닭가슴살 육포, 오븐에 바싹하게 구운 병아리콩, 훈제 청어와 리코타 치즈, 아스파라거스와 미니 파프리카로 채운 구운 야채 플래터, 그리고 회장님이 가장 좋아하셨던 계란 카나페까지.

　이런 안주를 드시면서 "건강에 좋은 와인은 적당한 양에 있다."라는 말씀을 가끔 하셨다. 1~2잔 정도의 적절한 양의 레드와인은 때로는 심장 건강에도 도움이 된다는 연구 결과도 있다. 회장님은 느긋하게 와인을 한 모금 머금고 카나페를 한 입 깨물었다. 그 순간만큼은 회장님은 경영인으로 짊어진 모든 무게를 잠시 내려놓은 듯했다. 와인을 즐긴 밤, 나의 역할은 여기서 끝나지 않았다.

　다음 날 아침 회장님이 무리하지 않도록 운동 루틴을 조정해야 했다. 수분 보충을 늘리고 스트레칭과 가벼운 유산소 위주로 일정을 짰다. 건강을 위한 작은 여유를 허락하되 결코 리듬이 무너지지 않도록 조율하는 것. 그것이 내가 지켜야 할 균형의 법칙이었다.

나는 그날도 어제보다 조금 더 가벼워진 걸음으로 회장님과 함께 하루를 시작했다. '즐거움과 건강 사이의 절묘한 줄타기', 그것이 진짜 오래가는 자기관리의 힘이라는 걸 나는 매일 실감하고 있었다.

[진짜 부자의 기준] 건강은 지위와 상관없는 삶의 기본

출장지에서 일과를 마치고 조용한 방 안에 앉아 있을 때면 문득 이런 생각이 들곤 했다. 나는 과연 무엇일까? 트레이너? 수행원? 아니면 그 이상인가? 회장님의 컨디션을 조율하는 전문가였고 스케줄을 부드럽게 조정하는 조율자였으며, 예상치 못한 상황 앞에서는 위기 대응자가 되어야 했다. 운동뿐 아니라 피로 해소까지 책임지고 분 단위로 바뀌는 일정 속에서도 운동 시간을 지켜냈다. 때로는 업무 스트레스로 심기가 불편하신 회장님의 기분을 읽고 적절한 거리를 유지하며 안정감을 제공하는 역할도 했다. 눈에 보이지 않는 균형을 잡는 것, 그것이 나의 진짜 일이었다.

이 모든 작은 조율들이 맞물릴 때 비로소 회장님은 매일 최상의 컨디션을 유지할 수 있었다. 그 과정을 반복하면서 나는 점점 깨달았다. 나는 단지 운동을 지도하는 사람이 아니었다. 회장님의 하루를 설계하고 컨디션을 지키며 보이지 않는 라이프스타일까지 설계하는 사람이 되어 있었다. 그리고 무엇보다 분명해진 사실 하나. 건강 관리의 본질은 지위도 재력도 아닌 '절박함'이었다. 그들이 그렇게까지 철저히 몸을 관리한 이유는 살아남기 위해서, 그리고 매일 완주하기 위해서다. 물론 개인 트레이너나 셰프를 고용하는 일은 아무나 할 수 있는 게 아니다. 그러나 그들이 만든 건강 관리의 시스템은 우리도 충분히 응용할 수 있다. 예컨대 '아침 10분 스트레칭'이 그렇다. 특별한 장비 없이 침대 위에서 가능한 이 간단한 루틴만으로도 몸이 깨어나고 하루의 에너지가 바뀐다.

핵심은 '재벌이라서 가능한 방법'이 아니라 지속 가능한 시스템을 스스로 만들어낼 수 있느냐는 점이다. 그리고 정말 중요한 건 그들이 얼마나 절박하게 자기 몸을 지켰는지를 이해하는 것. 그 절박함은 지금 우리 모두에게도 필요하다. 오늘도 치열하게 살아가는 당신에게 필요한 건 거창한 변화가 아니다. 몸과 마음을 지키는 작은 습관, 그리고 스스로 에너지를 지켜내는 일상적인 시스템. 그 꾸준한 실천이야말로 당신을 더 멀리, 더 단단히 버티게 해줄 것이다.

당신의 출장을 건강하게 만드는 체크리스트

- 필수 준비물: 운동화, 스트레칭 매트, 휴대용 마사지볼, 간단한 건강 간식 (아몬드, 단백질바)
- 현지 체크: 호텔 헬스장 상태, 근처 공원 위치, 산책로 GPS 저장
- 식단 세팅: 미리 간편식 준비, 물 충분히 챙기기
- 컨디션 케어: 수면 안대, 멜라토닌(수면유도제), 스트레칭 루틴, 영상 사전 준비

VVIP 루틴 vs 일상 적용 루틴

시간대	VVIP 루틴 (회장님)	당신의 일상 적용 루틴
아침 (기상 후)	- 오전 7시: 30분 'CEO 중년 체력' 운동(TRX, 복합 스쿼트, 덤벨 복합) - 아침 식사: 뇌 활성화 식단 (견과류, 블루베리, 오트밀)	- 기상 후 5~10분: '하루 5분 미니 트레이닝'(스쿼트, 팔굽혀펴기, 플랭크, 스트레칭) - 아침 식사: 균형 잡힌 간단 식사(통곡물 시리얼, 과일, 견과류)
점심 (업무 중)	- 점심 휴식: 30분 낮잠 또는 명상 - 점심 식사: 에너지 & 심장 건강 식단(연어, 현미밥, 아보카도 샐러드)	- 점심 휴식: 10분 산책, 스트레칭, 심호흡 - 점심 식사: 고단백·저탄수화물 위주(샐러드, 닭가슴살 샌드위치 등)
저녁 (업무 후)	- 저녁 식사: 피로 회복·수면 유도 식단(닭가슴살, 채소구이, 키노아) - 컨디셔닝 테라피: 스포츠 마사지, 아로마 테라피	- 저녁 식사: 소화 부담 없는 가벼운 식사(닭가슴살 샐러드, 단백질 위주) - 귀가 후 20~30분: 가벼운 유산소 운동, 폼롤러 마사지, 스트레칭
주말·주기적 루틴	- 매년 60일 '클린 리셋'(간헐적 단식, 저탄수 고단백) - 컨디션 저하 시: 과학적 스트레스 관리 루틴 전환	- 주 1~2회: 가벼운 디톡스 식단(클린 푸드 위주) 또는 주말 장보기로 건강 준비 - 컨디션 저하 시: 가벼운 스트레칭 + 충분한 수면

에피소드

출장 수행 중 최악의 위기

    출장 중에 나는 절대 아침을 먹지 않는다. 아니, 먹을 수 없다. 그날의 끔찍한 기억이 아직도 머릿속에 선명하게 남아 있기 때문이다.
    출장을 갔던 어느 날 아침. 회장님과 함께 별장 주변을 도는 파워 워킹 운동이 예정되어 있었다. 운동 전에는 뭐든 잘 먹어야 한다고 믿었던 나는 바나나 한 개, 통밀빵, 닭가슴살까지 든든히 챙겨 먹었다. 그게 그렇게 큰 실수일 줄은 몰랐다.
    운동이 시작됐다. 회장님과 나란히 걷기 시작한 지 40분쯤 지났을까? 배 속에서 낯선 신호가 왔다. 싸한 느낌. 처음엔 대수롭지 않게 넘겼다.
    '좀 이따 괜찮아지겠지…'
    하지만 아니었다. 위장이 먼저 경고를 보냈다. 1차 경고. 곧이어 대장이 반응했다. 2차 경고. 속이 부글부글 끓고 식은땀이 주르륵 흘렀다. 몸은 걷고 있었지만 머리는 아찔한 계산 중이었다. 주변을 둘러봤다. 도로 한복판. 건물도, 화장실도, 심지어 그늘도 없었다. 회장님께 "화장실 좀 다녀오겠습니다"라고 말할 수도 없었다. 속도를 늦추는 것조차 불가능했다. 걸음을 내디딜 때마다 위기감이 커졌다.
    '잘못 움직이면… 끝이다.'
    만약 이 자리에서 실수한다면? 회장님 앞에서 이대로…? 미치겠다 정말… 상상만 해도 숨이 막혔다. 마음속으로 외쳤다.
    '하나님! 제발… 이번 한 번만 살려주세요. 이건 아니잖아요…'
    마지막까지 버티느냐, 무너지느냐. 극한의 갈림길에서 나는 기적처럼 버텼다. 회장님은 내 얼굴이 새하얗게 질린 것도 모르고 평소처럼 빠른 걸음을 이어가셨다. 드디어 숙소에 도착했다. 나는 말도 없이 화장실로 직행했다. 숨을 고르며 앉아 있던 그 순간 하늘을 올려다보며 혼잣말했다.
    "앞으론… 진짜 조심하자."
    그날 이후로 나는 아침 운동 전엔 절대 아무것도 먹지 않는다. 그리고 언제나 내 가방에는 휴지 한 롤이 꼭 들어 있다. 누군가에게는 우스운 버릇처럼 보일지 모른다. 하지만 내겐 생존 본능이다. 출장지에서의 음식 선택은 단순한 식단이 아니라 업무의 일환이자 명예(?)가 걸린 문제다.

 재벌가(家) 건강 디자인

아무나 할 수 없는 특별한 임무

[게임처럼 즐기는 운동] 디지털 세대 맞춤 공략법

비서실에서 전화가 걸려 왔다.

"트레이너님, 이번 주부터 회장님 가족분들까지 관리 요청이 들어왔습니다."

그 한마디에 나는 숨을 고르고 달력을 다시 펼쳤다. 이제는 단순히 회장님 한 사람만의 건강을 책임지는 것이 아니었다. 그의 아내, 자녀, 심지어 가까운 형제와 지인들까지. 그들의 건강 또한 내게 맡겨진 것이었다. 처음에는 막막했다. 가족마다 체력도 다르고 생활 습관도 천차만별이었다. 하지만 곧 분명해졌다. 가족의 건강이 곧 회장님의 삶의 질과 직결된다는 것을. 이제 나는 '한 사람'이 아니라 '한 집안'을 돌보는 사람이 된 것이다. 그 무게감이 어깨를 눌렀지만 동시에 새로운 도전 의식을 불러일으켰다.

처음 자녀들을 만났을 때 그들의 반응은 냉담했다. 학업, 유학, 사교활동으로 가득 찬 일정 속에서 운동은 그들에게 '귀찮은 것'이었다.

"운동이 꼭 필요한가요?"

사춘기 특유의 냉소가 담긴 질문에 웃으며 말했다.

"글쎄, 탁구 한판만 해볼까? 네가 이기면 오늘 운동은 10분만 할게."

탁구채를 들자 조금 전까지 시큰둥했던 아이의 눈이 반짝였다. 어느새 얼굴에는 생기와 경쟁심이 어렸다. 경쟁과 보상. 디지털 세대에게 통하는 마법 같은 언어였다. 특히 어려웠던 건 스마트폰과의 전쟁이었다. 운동 시간에도 계속 알림이 울리는 스마트폰을 내려놓게 하는 것이 첫 번째 과제였다. 나는 발상을 전환했다.

"그 휴대전화 앱으로 네 운동 동작을 녹화해 볼까? 자세를 분석해 보자."

기술을 적으로 만들기보다 동맹으로 삼은 것이다. 자녀들은 흥미를 보였다. 자신의 동작이 화면에 담기자 스스로 문제점을 찾기 시작했다.

"여기 자세가 잘못됐네요."

내가 지적하기 전에 그들이 먼저 발견했다.

결정적인 전환점은 그들이 직접 효과를 체감한 순간이었다. 두 달간의 꾸준한 운동 후 체력도 매우 좋아졌지만 체성분 검사를 통해 몸의 변화를 직접 확인했다. 그날 성취의 기쁨을 맛본 아이는 이제 스스로 운동 시간을 찾기 시작했다. 그렇게 작은 게임으로 시작한 운동은 서서히 그들의 일상에 스며들었다. 짧지만 강렬한 성취감을 심어주었다.

"10분만 도전해 보자. 기록 깨면 주말 간식 추가!"

그들은 놀랍도록 빠르게 변해갔다. 운동 후 공부에 집중이 잘 되는 걸 느끼지 오히려 먼저 운동 시간을 요청했다.

어느 날, 막내가 숨을 헐떡이며 말했다.

"코치님, 오늘은 15분만 더 할래요. 시험공부도 잘될 것 같아요!"

나는 그 모습을 보며 마음 깊이 실감했다. 운동은 억지로 시켜서는 오래가지 않는다. 스스로 필요를 느끼게 해야 한다는 것을. 디지털 세대에게는 특히 즉각적인 피드백과 눈에 보이는 성과가 중요했다. 그들에게 운동은

'해야 하는 것'이 아닌 '하고 싶은 것'으로 변화해야 했다.

무엇보다 뿌듯했던 순간은 방학 기간 때였다. 유학 중 집에 왔다가 다시 돌아갈 준비를 하는데 짐을 싸면서 러닝화와 운동복을 제일 먼저 챙기는 모습을 보았다.

"거기서도 계속 운동해야죠. 코치님이 안 계셔도 할 수 있어요."

그 말에 가슴이 뭉클했다. 내가 심어준 작은 씨앗이 이제 그들 안에서 자라고 있었다.

[가족 건강 코디네이터] VVIP 라이프스타일 확장

시간이 흐르면서 회장님의 형제와 지인들까지 내게 상담을 요청하기 시작했다.

"코치님, 허리가 요즘 왜 이렇게 아플까요?"

"2주 안에 5kg 뺄 수 있을까요? 중요한 모임이 있어서요."

이들은 단순한 운동 지도를 원하지 않았다. 그들의 생활, 습관, 스트레스까지 통합적으로 다루는 라이프스타일 컨설팅을 원했다. 나는 그들의 일상 패턴을 묻고 식습관을 기록하고 수면 상태까지 점검했다. 어느덧 나의 역할은 트레이너를 넘어 컨설턴트, 코디네이터, 때로는 가족 수행원까지 확장되었다.

특히 회장님 가족 중 열정적인 사이클리스트가 계셨는데 그분과 함께한 제주도 해안도로 라이딩은 잊을 수 없는 경험이었다. 나는 운전기사와 함께 차량으로 그분의 뒤를 에스코트했다. 비상등을 켜고 조금 떨어진 거리에서 천천히 따라가며 안전을 확보했다. 교차로에 도달하면 차량을 먼저 진출시켜 혹시 모를 측면 충돌을 방지했고, 다시 뒤에서 에스코트를 이어갔다. 우리는 만일의 사태에 대비해 트렁크에 예비 타이어를 항상 두 개씩 준비했다. 사이클 타이어 펑크는 언제든 발생할 수 있는 일이었고, 무엇보다 중요한 건 그분의 라이딩 흐름이 끊기지 않도록 신속하게 대응하는 것이었다. 운전기사와 나는 마치 F1 그랑프리 정비팀처럼 타이어 교체 연습을 여러 번 반복했다. 각자의 역할을 정확히 나누고 최소 시간 내에 교체를 완료할 수 있도록 호흡을 맞췄다. 그야말로 실전 같은 훈련이었다.

가장 기억에 남는 순간은 그분의 사이클 동호회 멤버들이 제주도에 모였을 때였다. 10여 명의 라이더들이 해안도로를 질주하는 장관이 펼쳐졌다. 하지만 체력 차이로 일행 중 한 분이 점점 뒤처지기 시작했다. 나는 이동 차량을 선두 그룹에 먼저 보내고, 안전 지시등을 들고 직접 뒤처진 라이더를 에스코트하기로 했다. 빨간 안전 지시봉을 들고 그분의 라이딩 페이스에 맞춰 함께 걷고 달렸다. 그분은 숨을 헐떡이며 가끔 미안한 듯 시선을 건네왔지만 나는 밝은 표정으로 페이스를 유지하도록 격려했다. 예전 군 시절 구보 훈련이 떠올랐고, 그 덕분에 체력적으로는 힘들었지만 나 또한 잘 버틴 것 같다. 진심으로 그분의 안전과 성취감을 위해 달렸다. 함께 땀 흘리는 동안 우리는 말없이 서로를 응원하고 있었다.

라이딩이 끝난 후 그분이 내게 진심 어린 감사를 표했다.

"덕분에 포기하지 않고 완주할 수 있었습니다."

그 한마디가 내게는 큰 보람이었다. 그 이후로 제주도 사이클 모임이 있

을 때마다 모든 참가자의 체력 수준을 미리 파악하고 그에 맞는 준비와 지원 계획을 세우게 되었다. 건강 관리는 결국 한 사람 한 사람의 개성과 필요에 맞춰 설계되어야 한다는 것을 다시 한번 체감했다. 가장 힘든 이가 완주할 수 있도록 돕는 것, 그것이 진정한 건강 설계자의 역할이었다.

[건강 넘어 생명까지] 예상치 못한 파수꾼의 역할

어느 날은 비서실에서 긴급 연락이 왔다.

"트레이너님, 오늘은 운전 좀 부탁드려야겠어요."

운전대를 잡고 이동하는 차 안에서도 나는 시간을 허투루 쓰지 않았다. 틈틈이 작은 건강 팁을 건넸다. 길어진 정체 속에서도 짜증 대신 차분히 몸에 좋은 습관 하나를 더 심어주는 시간으로 만들었다. 어떤 날은 운동 중 회장님이 갑자기 속마음을 털어놓았다.

"요즘은 마음이 더 힘들어. 몸이야 관리하면 되지만, 이 스트레스는…"

나는 아무 말 없이 그저 조용히 옆에 앉아 들었다. 운동만 아는 사람이어서는 절대 안 되었다. 사람을 알아야 했다. 그들의 마음까지 헤아릴 수 있어야 했다.

급한 요청도 있었다.

"이번 주까지 3kg 빼야 해. 중요한 자리가 있어."

나는 최적의 루틴을 설계하고 식단을 조율했다. 결과로 증명해야 했다. 트레이너는 선택이 아니라 필요한 존재가 되어야 했다. 심지어 심폐소생술과 AED(자동심장충격기) 사용법도 훈련받았다. 혹시 모를 응급 상황에서도 마지막까지 누군가를 지킬 수 있어야 했기에 그랬다. 그 후 나는 비서실에 회장님 차량 트렁크에 AED를 항상 비치하고 운전기사분도 미리 교육을 받을 것을 요청했다. 하지만 받아들여지지 않아 허탈하기도 했다.

'굳이 그렇게까지 할 필요가 있냐'는 듯 내가 마치 너무 오버한다는 반응이었다. 생명을 다루는 일에 '오버'란 없다고 생각했지만 더 이상 강요할 수는 없었다. 그러나 다른 VVIP는 내 의견을 받아들이셔서 집에 설치하셨다. 위험한 상황에서 심폐소생술을 할 줄 몰라도 AED가 살려줄 수도 있다. 미리 준비하지 않으면 구급차가 오기도 전에 사람이 먼저 죽는다. 이런 제안이 때로는 월권처럼 보일지라도 나는 내 직감을 믿고 행동해야 했다.

에피소드

재벌 회장님의 뜻밖의 부업
― 세상에서 가장 비싼 사진

　한라산 정상. 회장님과 긴 등반을 마치고 정상에 도착했다. 나는 가방을 내려놓으며 잠시 다른 쪽 방향으로 몸을 돌렸다. 그런데 낯선 남자가 회장님에게 다가갔다. 그리고 무언가를 내밀었다.
　순간 심장이 덜컥 내려앉았다. 이 사람이 지금 누군데 회장님에게 다가간 거지? 나는 정신이 번쩍 들어서 회장님 쪽으로 달려갔다. 하지만 이미 회장님 앞에 도착한 그 남자는 태연하게 카메라를 건넸다.
　"저기요, 저희 사진 한 장만 찍어주세요!"
　회장님을 카메라 기사로 만들어버린 것이다.
　회장님은 어땠을까?
　회장님은 특유의 온화한 미소를 지으며 자연스럽게 카메라를 받았다. 그리고 아주 정성스럽게 구도를 맞춰 찍어주셨다. 찰칵! 그 남자는 기쁘게 사진을 확인하더니 고맙다는 인사만 남기고 가버렸다. 그는 끝까지 이분이 대한민국 3대 재벌 회장님이라는 사실을 전혀 몰랐다.
　나는 가벼운 마음으로 회장님을 바라봤다. 회장님은 피식 웃으며 다시 정상 쪽으로 가셨다. 그제야 나도 코웃음이 나왔다. 아마 그 남자는 인생에서 가장 비싼 사진을 공짜로 얻어 갔을 것이다.

나는 이제 운동만을 가르치는 사람이 아니었다. 회장님의 허리 통증을 들었고 사모님의 체력 저하를 느꼈다. 자녀들의 자세 불균형, 형제들의 기저질환, 지인들의 스트레스성 불면증까지. 서로 다른 문제들이 내게 조심스레 다가왔고 나는 그 하나하나를 듣고 맞춤형 솔루션과 가족 전체를 위한 건강 프로그램을 만들었다.

누구는 기초 체력을 다시 세우는 것부터, 누구는 망가진 수면 리듬을 되돌리는 것부터 시작했다. 눈에 보이지 않는, 그러나 분명히 흐르는 건강 지도를 그려나갔다. 그리고 무엇보다, 강요하지 않았다. 누군가의 삶을 억지로 바꾼다는 건 불가능한 일이었다. 나는 조용히 기다렸고 변화를 부드럽게 흘려보냈다. 밤늦게 자녀 중 한 명에게 문자가 왔다.

"코치님, 내일 스트레칭 하나만 더 알려주세요. 시험공부가 좀 잘 풀려야 해서요."

그 한마디가 가슴 깊이 울렸다. 진짜 변화란 누군가가 필요를 느낄 때, 스스로 손을 내밀 때 시작되는 거였다.

나는 명확히 알게 되었다. 운동만으로는 건강이 완성되지 않는다는 것을. 운동, 식습관, 정신적 안정, 스트레스 관리. 이 네 가지가 조용히, 그리고 균형 있게 어우러질 때 비로소 진짜 건강이 만들어진다는 것을. 그래서 나는 그들의 삶 속에 조용히 스며들었다. 매일의 식사 한 끼, 잠들기 전의 스트레칭, 긴 하루 끝에 짧은 호흡 명상처럼.

습관은 억지로 바꿀 수 있는 것이 아니었다. 오히려 자연스럽게, 조금씩 스며들어야 했다.

궁극적으로 배운 것은 이것이었다. 건강은 하루아침에 얻어지는 것이 아니라는 것. 매일의 작은 선택, 작은 반복, 작은 인내가 쌓이고 쌓여야만 이루어지는 것. 그리고 그 길을 조용히 함께 걷는 것. 그것이 진짜 건강 설계자의 역할이라는 것을.

 재벌 사모님들의 뷰티 & 헬스 시크릿

4인 4색, 그녀들의 이야기

첫 번째 이야기

드레스의 마법: 내가 본 사모님의 놀라운 변신

변화의 시작은 항상 특별한 계기에서 온다. 10년간 프라이빗 트레이너로 일하면서 수많은 사람들의 변화를 지켜봤지만 A 사모님의 변신은 내 경력에서 가장 인상적인 사례 중 하나였다. 처음 그녀를 만났을 때 눈빛부터 남달랐다. 단순히 '살을 빼고 싶다'는 생각이 아니라, 진짜 목표가 있는 사람의 눈빛이었다.

"트레이너님, 저 이 드레스를 입어야 해요."

그녀는 명품 쇼핑백에서 두 사이즈나 작은, 우아한 실루엣의 드레스를 꺼내 보여주었다.

"두 달 후 공식 행사에서 이걸 꼭 입고 싶어요. 가능할까요?"

체형을 살펴보니 체지방이 많고 10kg 정도 감량해야 했다. 쉽지 않겠지만 그녀의 결심이 확고했기에 나는 단호히 말했다.

"가능합니다. 다만 정말 철저하게 따라오셔야 합니다."

시각화의 힘 "동기부여"

첫 번째 세션에서 나는 특별한 제안을 했다.

"사모님, 그 드레스를 매일 볼 수 있는 곳에 걸어두세요. 아침에 일어나서 가장 먼저 보는 위치가 좋습니다."

많은 고객이 추상적인 목표를 세우곤 한다. '건강해지고 싶다', '날씬해지고 싶다'와 같은 것들. 하지만 내 경험상 구체적이고 시각적인 목표가 있을 때 사람들은 더욱 끈질기게 노력했다. A 사모님의 드레스는 완벽한 시각적 목표였다.

"운동할 때마다 그 드레스를 입은 자신의 모습을 상상하세요. 그리고 매일 조금씩 그 모습에 가까워진다고 생각하면서 운동하세요."

그녀는 내 조언을 충실히 따랐다. 나중에 알게 된 사실이지만 그녀는 드레스를 옷장 문 앞에 걸어두었고, 휴대전화 배경 화면도 그 드레스 사진으로 설정했다고 한다. 시각화 전략은 강력했다. 매일 목표를 눈으로 확인하는 것만큼 강력한 동기부여는 없었다.

음악의 마법으로 운동 효과 높이기

두 번째 전략은 음악이었다. 그녀의 취향에 맞춰 운동 강도별로 음악을 세팅했다. 고강도 인터벌에는 빠른 EDM, 유산소에는 리듬감 있는 팝, 스트레칭에는 자연의 소리나 클래식을 사용했다. "음악이 바뀌니까 확실히 덜 힘든 것 같아요."라는 피드백을 자주 들었다. 특히 그녀가 힘들어할 때면 템포가 빠른 음악으로 분위기를 전환했다. 놀랍게도 그녀의 체력은 음악이 바뀌는 순간 다시 살아났다. 음악은 단순한 배경이 아니라, 운동의 강력한 파트너였다.

Exercise	Recommended Songs
고강도 인터벌 트레이닝	Call on Me - Eric Prydz
유산소 운동	On My Mind - Jorja Smith
스트레칭	Clair de Lune - Debussy

▲ Exercise Music Playlist

▲ 사모님 개인 플레이리스트(예시)

순위	곡명	아티스트	장르	추천 운동
1	Eye of the Tiger	Survivor	Rock	근력 운동, 유산소
2	Uptown Funk	Mark Ronson ft. Bruno Mars	Funk / Pop	유산소, 댄스 워크아웃
3	Stronge	Kanye West	Hip-Hop	웨이트 트레이닝
4	Till I Collapse	Eminem	Hip-Hop	고강도 인터벌
5	Thunder	Imagine Dragons	Pop Rock	전신 운동
6	Can't Hold Us	Macklemore & Ryan	Hip-Hop	러닝, 크로스핏
7	Titanium	David Guetta ft. Sia	EDM	사이클링, 유산소

순위	곡명	아티스트	장르	추천 운동
1	TOO BAD	G-DRAGON	Hip-Hop	고강도 인터벌, 웨이트
2	뛰어(JUMP)	BLACKPINK	K-Pop	점프 운동, 댄스 워크아웃
3	REBEL HEART	IVE	K-Pop	유산소, 크로스핏
4	like JENNIE	JENNIE	Pop	필라테스, 댄스
5	너에게 닿기를	10CM	Indie Rock	러닝, 가벼운 유산소
6	Drowning	WOODZ	R&B	요가, 스트레칭
7	청춘만화	이무진	Ballad	산책, 쿨다운

▲ 추천 운동별 국내외 음악 차트

고강도 운동	G-DRAGON의 강렬한 힙합 비트
유산소 운동	IVE, JENNIE의 에너지틱한 K-pop
러닝	10CM의 적당한 템포의 인디록
스트레칭	WOODZ의 차분한 R&B
쿨다운	이무진의 감성적인 발라드

▲ 운동 특성에 맞는 매칭

맞춤형 운동 프로그램

A 사모님의 경우 체형 분석 결과 상체보다 하체에 지방이 더 많이 축적되어 있었다. 이를 고려해 나는 다음과 같은 맞춤형 프로그램을 설계했다.

1. 아침 공복 유산소: 주 5회, 처음엔 20분에서 시작해 점차 50분까지 늘려갔다. 러닝머신 또는 야외 파워 워킹을 번갈아 가며 진행했다.
2. 근력 운동: 주 3회, 특히 하체와 코어 강화에 초점을 맞췄다. 스쿼트, 런지, 데드리프트와 같은 복합 운동을 중심으로 진행했다.
3. 코어 강화: TRX와 짐볼을 활용한 코어 운동을 매일 20분씩 실시했다.

요일	아침 공복 유산소	근력 운동	코어 강화
월	V (러닝 머신)	V (하체 중점)	V (TRX)
화	V (파워 워킹)	—	V (짐볼)
수	V (러닝 머신)	V (전신)	V (TRX)
목	V (파워 워킹)	—	V (짐볼)
금	V (러닝 머신)	V (하체 중점)	V (TRX)
토	— 모든 운동 완전 휴식		
일	— 모든 운동 완전 휴식		

▲ 운동 프로그램 : 주간 운동 스케줄 & TRX 동작 따라 하기 QR코드

처음 2주는 적응 기간이었다. A 사모님은 5분 달리기에도 숨이 차올랐고, 3kg 아령도 무겁다고 느꼈다. 하지만 그녀의 의지는 단단했다. 매일 드레스를 바라보며 운동에 임했다.

그러나 3주 차에 예상치 못한 첫 번째 벽이 찾아왔다.

"트레이너님, 체중이 일주일째 똑같아요."

그녀는 힘없이 말했다. 평소의 활기찬 목소리와 달리 잔뜩 풀이 죽어 있었다. 정체기였다. 나는 조용히 고개를 끄덕였다.

"그럴 때가 있어요. 몸이 변화를 준비하는 시간이거든요. 이 시기에는 오히려 몸이 더 단단해지고 있다는 증거이기도 합니다."

나는 사모님께 정체기는 자연스러운 과정이며 이때 포기하지 않는 것이 가장 중요하다고 강조했다. 잠시 운동 강도를 조절하고 스트레칭과 짧은 명상으로 마음을 다잡게 했다. 그리고 다시 한번 드레스 목표를 상기시켰다.

"여기까지 온 것도 대단한 거예요. 저 드레스가 기다리고 있잖아요. 조금만 더 가봅시다."

그녀는 작게 웃었다. 그리고 다음 날 다시 운동화 끈을 묶고 개인전용 헬스장에 들어섰다. 4주 차가 되자 그녀는 50분 달리기도 거뜬히 소화했고, 10kg 아령으로 스쿼트를 할 수 있게 되었다. 그녀의 몸은 빠르게 변화하고 있었다.

식단의 혁명: '선택'의 문제

운동만큼 중요한 것이 식단이었다. 많은 사람들이 다이어트를 '못 먹는 것'으로 생각하지만 나는 다른 접근법을 제안했다. 다이어트는 '제한'이 아니라 '선택'의 문제다. '무엇을 못 먹을까'가 아니라 '내 몸에 무엇을 줄까'를 생각해 보자. 극단적인 칼로리 제한 대신 영양소 밀도가 높은 식품을 선택하는 방법을 가르쳤다. 그리고 무엇보다 중요한 것은 지속 가능한 식습관을 만드는 것이었다. 우리는 함께 그녀만의 식단 계획을 세웠다.

맞춤 식단 계획표

- 아침: 오트밀 + 블루베리 + 플레인 요거트 + 삶은 달걀 (탄수화물, 단백질, 항산화 | 간편하고 든든한 시작)
- 점심: 닭가슴살 샐러드 + 아보카도 + 고구마 소량 (단백질, 건강 지방, 복합 탄수화물 | 포만감 높고 영양 균형)
- 저녁: 안심스테이크 (100g) + 채소구이 + 견과류 소량 + 허브차 (단백질, 비타민, 미네랄 | 소화 부담 적게, 충분한 단백질)
- 디톡스 주스 데이: 주 1회 케일, 사과, 레몬, 생강 혼합 주스 (비타민, 미네랄, 해독 | 간 해독 및 몸속 노폐물 배출)

단백질과 채소 위주의 식단이었지만 완전히 탄수화물을 배제하지는 않았다. 중요한 것은 균형이었다. 또한 일주일에 한 번은 '디톡스 주스 데이'를 만들어서 간 해독을 도왔다.

A 사모님은 처음엔 식단 변화에 적응하기 어려워했다. 특히 단 음식을 좋아했던 그녀에게 설탕을 제한하는 것은 큰 도전이었다. 그녀는 매번 유혹을 이겨냈고 점차 새로운 식습관에 적응해 갔다. 놀랍게도 4주 차가 되자 그녀는 단 음식에 대한 갈망이 줄어들었다고 말했다.

"트레이너님, 정말 놀라워요. 이제 단 음식을 보면 예전처럼 당기지 않아요. 오히려 과일의 단맛이 더 풍부하게 느껴져요."

이것이 바로 내가 수년간 고객들에게 강조해 온 '맛의 재교육' 효과였다.

▲ 실제 식단 사진, 하루 식사 예시 플레이팅 사진

진전 기록의 힘

동기부여를 유지하기 위해 진전 상황을 기록하는 방법을 가르쳤다. 단순히 체중계 숫자만 보는 것이 아니라 다양한 측정 지표를 활용했다.

"트레이너님, 오늘 드레스의 지퍼가 조금 올라갔어요!"

한 달이 지났을 때 그녀가 소식을 전해왔다. 아직 완전히 맞지는 않았지만 분명한 진전이었다. 나는 그녀의 성취를 함께 축하했다.

"정말 대단해요, 사모님! 이제 절반의 여정을 완주하셨어요. 남은 한 달도 함께 해봐요."

작은 성공의 경험은 그녀에게 큰 동기부여가 되었다. 그 후로 그녀는 더욱 열정적으로 프로그램에 임했다.

▲ 인바디 변화 그래프, 주간 변화(예시)

나만의 변화 기록 체크리스트

1. 주간 사진 촬영: 같은 포즈, 같은 조명에서 매주 사진을 찍어 육안으로 변화를 확인하자. (전신 거울 셀카 추천!)
2. 체성분 측정: 월 1~2회 체지방률, 근육량 등을 측정하여 수치 변화를 객관적으로 파악하자.
3. 옷 맞음새 체크: 목표로 하는 옷을 주기적으로 입어보며 몸의 변화를

직접 느껴보자. (가장 강력한 동기부여!)
4. 운동 일지: 매일 운동 내용, 시간, 강도를 기록하여 자신의 성장 과정을 눈으로 확인하자.
5. 식단 일지: 먹은 음식, 시간, 양을 기록하여 식습관 패턴을 파악하고 개선점을 찾자.

기적의 순간, 삶의 변화

2개월이 지난 어느 날 A 사모님은 특별한 표정으로 나타났다. 그녀의 눈빛에서 이미 답을 알 수 있었다.

"트레이너님, 드레스가 맞아요! 어제저녁에 입어봤는데, 완벽하게 맞더라고요!"

그녀의 목소리는 기쁨으로 살짝 떨렸다. 지금껏 10kg를 감량했고 체지방률은 8% 낮아졌다. 하지만 숫자보다 더 인상적인 것은 달라진 태도였다. 자신감이 넘쳤고 걸음걸이도 당당해졌다. 그리고 무엇보다 자기 자신을 사랑하는 마음이 거기에 담겨 있었다.

"체중 감량보다 더 중요한 것은 자신감을 되찾은 거예요. 트레이너님 덕분에 제가 할 수 있다는 걸 알게 되었어요."

2개월의 '드레스 프로젝트'는 성공적으로 마무리되었지만 A 사모님의 여정은 거기서 끝나지 않았다. 그녀는 이후에도 주 3회 운동을 계속했고 건강한 식습관을 유지했다. 더 이상 다이어트가 아닌 생활방식이 된 것이다.

그녀가 배운 교훈

A 사모님의 '드레스 프로젝트'는 단순한 다이어트 성공을 넘어 자신 안에

숨어 있던 잠재력을 발견하고 삶의 주인공이 되는 여정이었다. 그녀는 이 과정을 통해 다음을 깨달았다.

- 몸이 변하면 마음이 변하고, 결국 삶 전체가 변한다.
- 구체적이고 시각적인 목표가 사람을 강하게 만든다. 막연한 다짐 대신 '드레스'처럼 눈에 보이는 목표가 강력한 동기부여가 되었다.
- 음악과 같은 작은 요소도 무너질 뻔한 마음을 다시 일으켜 세울 수 있다.
- 자신에게 맞는 속도와 방식을 믿어야 지속할 수 있다. 남들처럼 빨리 변하려 조급해하지 않는 것이 중요했다.
- 다이어트는 '못 먹는 것'이 아니라 '내 몸에 좋은 것을 선택하는' 자유다.
- 작은 성공을 소중히 여기는 것이 큰 목표를 이루는 힘이다. 매일의 작은 성취를 알아보고 기뻐하는 용기가 결국 자신감을 쌓았다.
- 체중계 숫자가 아니라 거울 속 자신감 넘치는 모습이 진짜 자신이라는 것을 믿게 되었다.

당신만의 드레스 프로젝트 이렇게 시작하라!

√ 내 드레스는 무엇인지 정해보기 (결혼식, 바지 핏, 티셔츠 라인)
√ 일주일에 5일, 아침 걷기 20분부터
√ 주 3회 스쿼트 + 런지 시작 (덤벨 불필요)
√ 다이어트는 못 먹는 게 아니라 내 몸을 위한 '선택'
√ 주간 사진 + 드레스핏 체크 습관화

결국 그녀는 목표를 스스로 선택하고 그 목표가 자신을 더 좋은 곳으로 이끌어주는 힘이 된다는 것을 몸소 증명해 냈다. 누구나 가능한 작은 성공부터 자신감을 되찾는 여정을 만들어보자. 이런 시각화와 구체적인 변화가 당신에게 더 큰 동기부여를 줄 것이다.

다음은 '강함'을 선택한 B 사모님의 이야기다. 그녀는 눈에 보이는 목표보다 강인한 내면의 힘을 추구했다. 그 강인함은 몸을 넘어 정신까지 지배했다.

두 번째 이야기

철의 의지: B 사모님의 근력 철학과 디톡스

내 경력에서 가장 인상적인 클라이언트들은 종종 나에게 새로운 관점을 가르쳐준다. B그룹 사모님과의 만남은 트레이너로서 내 접근법을 다시 한 번 바꿔 놓았다. 우리의 첫 만남을 아직도 생생히 기억한다. 유독 추웠던 겨울 아침이었다. 대부분의 클라이언트가 약속을 미루는 날씨였지만 B 사모님은 정확히 약속 시간 10분 전에 도착했다. 그녀는 다른 재벌가 사모님들과는 뚜렷한 차이를 보였다. 화려한 옷이나 액세서리 대신 단정한 트레이닝복과 스포츠 시계만 착용했다. 첫인상부터 '결심의 에너지'가 느껴졌다.

"안녕하세요, 트레이너님. 저는 단순히 살을 빼는 게 목표가 아닙니다. 강한 몸을 만들고 싶어요. 정말 강한 몸이요."

그녀의 말에서 흔한 '날씬해지고 싶어요'가 아닌 힘과 에너지를 갈망하는 마음이 느껴졌다.

[강함의 철학] '날씬함' 대신 '강한 몸'을 선택하다

첫 상담에서 나는 그녀에게 운동 경험과 목표에 관해 물었다. 그녀의 대답은 내 예상을 뛰어넘었다.

"여자라고 해서 약한 근육을 가질 필요는 없잖아요. 저는 제 몸을 직접 단련하고 싶어요. 그냥 날씬한 몸이 아니라 강한 몸이요."

그녀의 눈빛에서 단순한 미용 목적을 넘어선 뭔가를 발견했다. 많은 여성 클라이언트가 "근육이 너무 커지는 건 싫어요"라고 말하곤 했다. 하지만 B 사모님은 그들과 완전히 다른 관점을 지니고 있었다. 그녀는 자신의 힘을 발견하고 싶어 했다. 나는 그녀에게 내 철학을 이야기했다.

"근력 운동은 단순히 몸을 만드는 게 아닙니다. 정신을 단련하는 과정이죠."

그녀는 고개를 끄덕였다. 우리의 호흡이 맞아떨어지는 순간이었다. 그날부터 우리는 '강철 몸만들기' 프로젝트를 시작했다. 왠지 나와 코드가 잘 맞을 거란 느낌을 받았다.

[한계를 넘어서는 여정] 기록으로 증명하는 성장

첫 근력 훈련 세션은 그녀에게 쉽지 않았다. 5kg 덤벨을 들고 10회 반복하는 동안 그녀의 다리가 눈에 보일 정도로 떨렸다. 하지만 그녀의 의지는 떨리지 않았다.

"괜찮아요. 계속해요."

가쁜 숨을 몰아쉬면서도, 그녀의 눈빛은 목표에서 벗어나지 않았고, 스스로 다독이며 이를 악물었다. 그녀는 포기하지 않았다. 숨이 차고 땀이 흘러도, 그녀는 끝까지 세트를 완료했다. 세션이 끝난 후 그녀가 물었다.

"다음엔 더 무거운 걸로 할 수 있을까요?"

그 말에서 나는 그녀가 평범한 클라이언트가 아님을 확신했다. 그녀는 편안함보다 성장을 선택했다. 이는 내 트레이닝 철학의 핵심이기도 했다.

"더 강해지고 싶다면 더 무겁게 들어야 합니다."

이 문장은 우리 둘의 약속이 되었다.

[근력 철학의 실천] B 사모님 맞춤형 운동 프로그램

그녀의 프로그램은 심플했다. 우리는 기본을 꾸준히 반복했다.

1. 하체: 스쿼트, 레그익스텐션, 레그컬, 힙 어덕션
2. 상체: 렛풀다운, 벤치프레스, 케이블 로우, 숄더프레스
3. 코어: 플랭크, 힙쓰러스트, 데드리프트
4. 유산소: 주 3~회 걷기와 수영 병행

▶ QR코드: 데드리프트, 스쿼트, 힙쓰러스트 기본 동작 영상

'유산소 운동만으로는 부족하다. 진짜 변화는 근력을 키워야 온다'라는 것이 그녀의 신념이었다. 세션마다 우리는 기록을 남겼다. 들어 올린 무게, 반복 횟수, 세트 수. 그리고 매주 목표를 세웠다. '이번 주 10회였다면 다음 주는 12회', 이 작은 진전이 모여 큰 변화를 만들어냈다. 이러한 명확한 목표 설정은 그녀의 훈련에 방향성을 제시했다. 트레이닝 일지에는 세션마다 달성한 중량과 반복 횟수가 꼼꼼히 기록되었고 그녀는 자신의 발전 과정을 객관적인 수치로 확인할 수 있었다. 이런 객관적인 기록은 그녀에게 강력한 동기부여가 되었다.

"숫자는 거짓말을 하지 않아요. 내가 얼마나 발전했는지 명확하게 보여주니까요."

그녀의 말처럼, 목표를 수치화하는 접근법은 감정적인 변동에 흔들리지 않는 단단한 동기부여 시스템을 구축했다.

[내면 정화] 디톡스 전략

놀라웠던 것은 B 사모님이 외적인 운동만큼 내면의 정화에도 깊은 관심을 기울였다는 점이다. 그녀는 "강한 몸을 만들려면 내부 환경도 맑아야 해요"라고 단호하게 말했다. 단순한 다이어트가 아니라 삶 전체를 정리하는 자세로 느껴졌다.

B 사모님 디톡스 루틴

- 아침 레몬 워터: 하루를 시작하기 전 그녀는 따뜻한 물에 레몬즙을 섞어 천천히 마셨다. 그 짧은 루틴 하나로 몸이 깨어나고 마음이 가라앉는다고 했다. "속이 깨끗해지는 느낌이 들어요."
- 하루 2L 이상의 수분 섭취: 그녀는 늘 물병을 들고 다녔다. 회의 중에

도 외출 중에도 물을 마셨다. "수분은 내 몸의 리듬을 되돌려줘요."라고 말하며 물을 마시는 행위조차 자신을 위한 정성스러운 돌봄으로 여겼다.
- 주간 클린 이팅 데이 (Weekly Clean Eating Day): 일주일에 하루는 철저히 정화하는 날로 정했다. 채소, 과일, 단백질 위주로 식단을 짜고 가공식품과 설탕, 밀가루는 철저히 피했다. 그 하루가 지나면 그녀는 "몸이 한결 가벼워지고 머리가 맑아진다."라고 했다.
- 운동 후 착즙 주스: 운동 후엔 직접 만든 착즙 주스를 마셨다. 그녀는 주스를 마시며 "이게 내 회복 에너지예요."라고 말했다. 단순한 음료가 아니라 스스로에 대한 보상이자 의식이었다.

이 작은 디톡스 습관들이 모여 그녀의 에너지는 점점 단단해졌다. 몸이 맑아지자 마음도 더 깊고 고요해졌다. 땀을 흘리고, 비우고, 정화하는 그 모든 과정이 운동 그 자체만큼이나 의미 있는 여정이 되었다.

"몸이 맑아지면, 에너지가 달라져요."

그녀의 말은 단순한 느낌이 아니라 스스로 몸에서 체득한 확신이었다. 예전에는 운동 후 깊은 피로에 빠지곤 했지만 이제는 오히려 몸이 가뿐하고 정신이 맑아지는 느낌이 들었다. 아침에 일어나는 것이 쉬워졌고 집중력은 몰라보게 향상됐다. 피부 톤도 맑아졌고, 눈빛엔 생기가 돌았다. 하지만 진짜 놀라운 변화는 몸이 아니라 마음에서 일어났다.

B 사모님은 '강한 몸'을 만들기 위해선 무엇보다 강한 정신이 필요하다고 믿었다. 그녀는 이렇게 말했다.

"몸보다 먼저 무너지는 건 마음이에요. 진짜 싸움은 근육이 아니라 머릿속에서 벌어져요."

이 말은 단순한 의욕이 아니라 그녀가 자신의 한계를 돌파하며 직접 체득한 진리였다. 운동이 체력을 넘어 자기 확신과 의지의 수련으로 이어질 수 있다는 것을 그녀는 몸소 증명했다. 디톡스와 근력 운동, 그리고 마인드 컨트롤이 어우러지며 그녀는 스스로 가장 단단한 버전으로 변화해 가고 있었다.

[정신력의 단련] 근육이 만든 삶의 태도

B 사모님과 함께하면서 내가 가장 크게 깨달은 것은 진짜 변화는 보이지 않는 정신에서 먼저 시작된다는 사실이었다. 특히 힘든 데드리프트 세션 후 그녀가 말했다.

"운동을 하면서 인생을 대하는 태도까지 달라졌어요. 전엔 피했죠. 이제는 바벨 앞에 서듯 어떤 일도 정면으로 마주하게 돼요."

근력 운동은 육체적 한계를 넘어서는 과정에서 정신적 장벽도 함께 무너뜨린다. 나는 조용히 미소 지었다. 우리는 단순히 몸을 바꾸는 것이 아니라 삶을 다시 세우고 있었다.

[기적의 변화] 라이프스타일의 완성

6개월이 지났을 때 B 사모님의 변화는 놀라웠다. 처음에 5kg 덤벨도 버거워했던 그녀가 이제 15kg 덤벨로 운동할 수 있게 되었다. 그녀의 스쿼트 무게는 자신의 체중을 넘어섰고, 데드리프트는 그 두 배에 달했다. 하지만 더 중요한 것은 눈에 보이지 않는 변화였다. 그녀의 자세는 더 당당해졌고 목소리에는 자신감이 넘쳤다. 그녀는 이제 "할 수 없어."라는 말 대신 "아직 못했을 뿐"이라고 말하기 시작했다.

신체 지표도 크게 개선되었다. 체지방률은 낮아졌고 근육량은 증가했다.

중요한 것은 그녀가 단순히 날씬해졌다는 것이 아니라 진정으로 강해졌다는 점이다.

"체중계의 숫자보다 거울 속 나의 모습과 내가 들 수 있는 무게가 더 중요해요."

그녀의 이 말은 다른 여성 클라이언트에게 새로운 관점을 제시했다.

▲ before/after 자세 변화 사진, 바벨 기록 그래프(예시)

▼ B 사모님 근력 훈련 기록표

주차	스쿼드	데드리프트	벤치프레스
1	20	22	15
2	22	24	17
3	24	26	19
4	26	28	21
5	28	30	23

[그녀가 배운 교훈: 강함이 만드는 진짜 아름다움]

B 사모님과의 경험은 트레이너로서 내게 중요한 원칙들을 다시 한번 강력하게 확인시켜 주었다. 그녀는 다음을 통해 진정한 강함이 만드는 아름다움을 증명했다.

- 진정한 변화는 보이지 않는 정신에서 시작된다. 육체적 한계보다 정신적 장벽을 넘는 것이 더 큰 도전임을 깨달았다.
- 근력 운동은 몸뿐 아니라 삶을 대하는 태도까지 변화시킨다. 힘든 일을 정면으로 마주하는 용기를 길렀다.
- 스스로 한계를 정하지 않는 것이 중요하다. '여자니까 이 정도면 충분해'라는 생각 대신 끊임없이 자신을 시험했다.
- 몸의 변화는 결국 마음의 변화에서 시작된다. 몸이 변하면 생각이 바뀌고, 생각이 바뀌면 인생이 달라진다는 진리를 다시 확인했다.
- 다이어트는 일시적 유행이 아닌 삶의 지속 가능한 라이프스타일이다. 몸매를 넘어 더 강한 삶을 위해 운동했다.
- 숫자보다 중요한 것은 '강해지는 과정'과 '자신감'이다. 체중계 숫자보다 거울 속 자신의 모습과 들 수 있는 무게를 믿게 되었다.

오늘도 많은 클라이언트, 특히 "근육이 너무 커지는 건 싫어요."라고 말하는 여성 클라이언트들에게 B 사모님의 이야기를 들려준다. 진정한 아름다움은 강함에서 온다고. 지금 당장 작은 무게부터 들어 올려보자. 그것이 더 강한 당신을 만드는 첫걸음이다.

이전 사례의 A 사모님이 시각적 목표(드레스)에 집중했다면 B 사모님은 수치적 목표와 정신적 강인함에 초점을 맞춘 전혀 다른 접근법을 보여주었다. 그리고 두 접근법 모두 각자에게 완벽하게 맞는 결과를 가져왔다. 건강 관리의 진정한 비밀은 결국 자신에게 맞는 방식을 찾는 데 있는 것이다. 이제 마음의 평화를 통해 진정한 건강을 찾은 C 사모님의 고요한 여정이다.

'당신만의 강철 몸 프로젝트 이렇게 시작하라!

√ '날씬함'보다 '강함'을 목표로 삼아보자.
√ 작은 무게부터 시작해 꾸준히 기록하며 성장하는 기쁨을 느껴보자.
√ 몸을 정화하는 디톡스 루틴을 생활화하여 내면의 에너지를 깨우자.
√ 운동은 몸뿐 아니라 정신을 단련하는 과정임을 기억하고 한계를 넘어서자.
√ 체중계 숫자보다 거울 속 당당한 자신과 들 수 있는 무게에 집중하자.
√ 체중이 아닌 '내가 들어올린 무게'를 내 기준으로 삼기.

세 번째 이야기

마음의 길: C 사모님 보여준 내면 중심의 건강 루틴

재벌가 사모님들을 트레이닝하면서 나는 각기 다른 접근법으로 건강을 추구하는 모습을 지켜볼 수 있었다. A 사모님이 시각화와 음악을 통해 드레스 프로젝트로 성공했고 B 사모님이 강한 근력 운동과 디톡스로 철의 의지를 보여주었다면 C 사모님의 여정은 완전히 다른 차원의 경험이었다. 다른 사모님들과 달리 그녀는 체중이나 근력에 대해 단 한마디도 언급하지 않았다. 대신 내게 처음 건넨 말은 의외였다.

"트레이너님, 저는 몸이 아닌 마음부터 변화시키고 싶어요."

그 말에 나는 잠시 당황했다. 수많은 첫 상담을 진행했지만 그런 시작은 처음이었다. 대부분의 클라이언트는 '살을 빼고 싶다', '근육을 키우고 싶다', '체력을 키우고 싶다'라는 구체적인 신체적 목표를 말한다. 하지만 C 사모님은 달랐다.

"몸이 아무리 건강해도 마음이 불안하면 결국 지쳐요. 진짜 긴강은 몸과 마음이 균형을 이루는 데서 시작됩니다."

그 말을 들은 순간 나는 그녀에게서 배울 것이 많다는 느낌이 들었다. 트레이너로서 나는 주로 신체적 건강에 초점을 맞춰왔지만, 마음의 건강이 그 토대가 된다는 사실을 혹시 간과하고 있었던 것은 아닐까? 새로운 숙제가 주어진 기분이었다.

[걷기의 발견] 가장 단순하고 강력한 마음 운동

C 사모님과의 첫 세션에서 나는 일반적인 피트니스 평가 대신 그녀의 일상과 스트레스 수준, 수면 패턴에 관해 물었다. 그녀의 대답은 의미심장했다.

"저는 요즘 잠을 잘 자지 못해요. 머릿속에 생각이 너무 많아서… 체중보다는 이 불안감을 어떻게 다스려야 할지 모르겠어요."

그녀의 말을 듣고 나는 전통적인 트레이닝 프로그램 대신 다른 접근법을 제안했다.

"사모님, 우선 아침에 20분만 걸어보는 건 어떨까요? 공원이나 조용한 곳에서요."

그녀는 의아한 표정을 지었다.

"그게 다인가요? 더 효과적인 운동은 없나요?"

나는 미소를 지으며 대답했다.

"때로는 가장 단순한 것이 가장 강력합니다. 걷기는 우리가 생각하는 것보다 훨씬 효과적인 운동이에요. 특히 자연 속에서 걷는 것은 스트레스 호르몬을 낮추고 정신 건강에 놀라운 효과가 있습니다."

다음 날 아침. 우리는 C그룹 저택 근처 공원에서 만났다. 새소리와 바람 소리를 들으며 천천히 걸었다. 하지만 처음에 그녀는 계속 휴대전화를 확인하고 빠르게 걸으려 했다. 나는 그녀에게 제안했다.

"천천히 걸어보세요. 그리고 발바닥이 땅에 닿는 느낌, 주변의 소리, 들이마시는 공기에 집중해 보세요."

20분의 산책이 끝날 무렵 그녀의 얼굴에는 미묘한 변화가 있었다. 눈빛이 더 맑아졌고 어깨의 긴장이 조금 풀어진 듯했다.

"신기해요. 단순히 걷기만 했는데 머릿속이 한결 가벼워진 것 같아요."

이것이 우리의 '아침 걷기 루틴'의 시작이었다. 점차 20분에서 30분, 그리고 40분으로 시간을 늘려갔다. 그리고 걷기가 단순한 운동이 아니라 마음을 정리하는 시간임을 그녀는 깨달아갔다.

[내면의 평화] 명상과 독서가 가져온 놀라운 변화

걷기 루틴이 자리 잡은 후 나는 다음 단계로 명상을 소개했다. C 사모님은 처음에 회의적이었다.

"저는 명상 같은 것 해본 적이 없어요. 가만히 앉아 있는 것도 어려운데…"

나는 그녀에게 명상이 결코 어렵거나 신비로운 것이 아니라고 설명했다. 단지 자신의 호흡과 현재 순간에 집중하는 연습일 뿐이라고.

"5분부터 시작해 보세요. 호흡에만 집중하는 거예요. 생각이 떠오르면 판단하지 말고 그냥 지나가게 두세요."

처음 몇 번은 그녀가 불편해하는 모습이 역력했다. 5분도 너무 길게 느껴진다고 했다. 하지만 일주일 후 그녀는 자발적으로 시간을 10분으로 늘렸다.

"처음엔 정말 답답했어요. 하지만 이상하게 명상 후에는 마음이 더 가벼워져요. 마치 머릿속 창문을 열어 답답한 공기를 환기하는 느낌이랄까요?"

한 달이 지나자 그녀는 아침 걷기와 저녁 명상을 자신만의 루틴으로 확립했다. 특히 놀라웠던 것은 그녀의 수면 질이 개선되었다는 점이었다. 이전에는 잠들기 위해 수면제에 의존했지만 이제는 명상 후 자연스럽게 잠드는 경우가 많아졌다.

C 사모님과의 세션이 3개월째 접어들 무렵 그녀는 자신의 저녁 루틴에 독서를 추가했다고 말했다. 그녀가 수십 년 만에 처음으로 취미로 독서를 시작했다는 사실이 놀라웠다.

"명상 후에 스마트폰을 보는 대신 책을 읽기 시작했어요. 처음엔 10분도 힘들었는데 지금은 30분 이상 읽어요. 그리고 이게 믿기지 않겠지만 독서 후에 진정한 피로감이 와요. 좋은 의미의 피로감이요. 더 깊게 잠들 수 있게 하는."

그녀가 선택한 책들도 흥미로웠다. 철학책, 심리학책, 자기계발서가 아닌 소설과 에세이였다. 그녀는 이야기 속에 빠져드는 경험이 일종의 명상과 같다고 설명했다.

"책을 읽을 때는 온전히 그 세계에 집중하게 돼요. 그러면 자연스럽게 현실의 걱정에서 벗어나게 되고요."

이것이 그녀만의 '마음 건강 삼각형'이 되었다. 아침 걷기, 저녁 명상, 그리고 취침 전 독서. 이 세 가지 습관은 그녀의 일상에 안정감을 가져다주었고, 점차 그녀의 신체적 건강에도 변화가 나타났다.

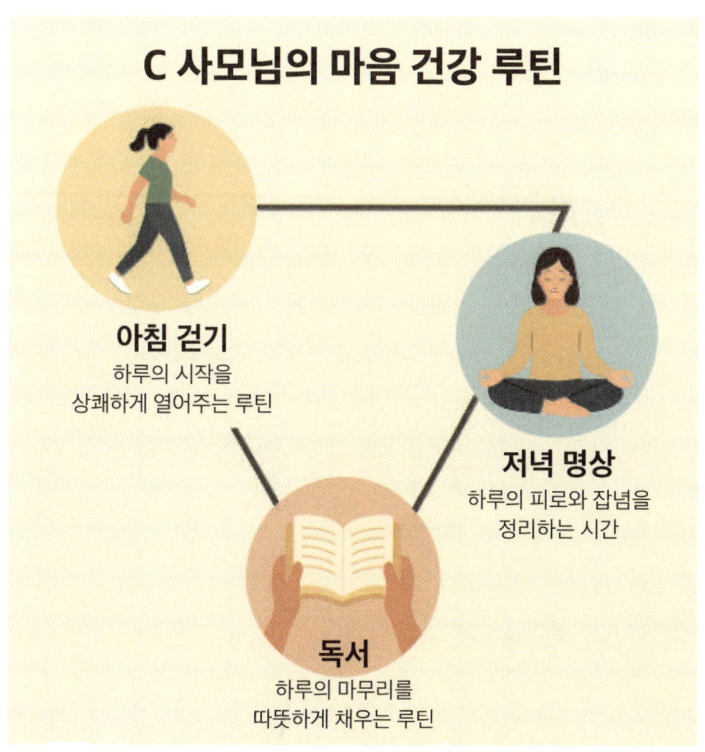

▲ C 사모님 마음 건강 루틴' - 아침 걷기, 저녁 명상, 취침 전 독서

[자연식의 철학] 몸과 마음을 채우는 의식 있는 식사

C 사모님의 식습관도 그녀의 철학을 반영했다. 다른 사모님들처럼 엄격한 칼로리 제한이나 특별한 다이어트 플랜을 따르지 않았다. 대신 '자연식'이라는 단순한 원칙을 중시했다.

"저는 이제 식품 라벨을 확인해요. 성분이 5개 이상인 것은 잘 사지 않아요. 자연이 만든 그대로의 음식을 먹으려고 해요."

그녀는 제철 식재료를 중요시했다. 봄에는 나물과 새싹, 여름에는 시원한 과일과 채소, 가을에는 뿌리채소와 버섯, 겨울에는 따뜻한 슈퍼푸드를 선호했다. 이는 자연의 리듬에 맞춰 먹는 것이 몸과 마음의 균형에 도움이 된다는 그녀의 믿음 때문이었다.

특히 인상적이었던 것은 그녀의 '의식적 식사' 습관이었다. 하루 한 끼는 반드시 혼자, 전자기기 없이, 오직 음식에만 집중하며 먹었다. 처음에는 어색했지만 점차 식사 자체가 일종의 명상이 되었다고 했다.

"음식의 색깔, 향기, 식감에 집중하다 보면 자연스럽게 과식을 피하게 돼요. 그리고 음식에 대한 감사함도 느끼게 되고요."

그녀는 음식을 통해 몸뿐 아니라 마음까지 채우고 있었다.

▲ C 사모님 자연식 식단
　- 계절별 제철 음식

계절별 제철 음식 특징

- 봄 초록색 싹 돋는 나물 종류들 (성장 에너지가 많은 채소)
- 여름   시원한 여름 채소 (체온을 낮추는 특장점)
- 가을 노란색, 주황색 뿌리채소 (당분 저장, 질병 예방 채소)
- 겨울 덩이줄기 뿌리채소 (체온상승과 면역력 강화 채소)

[가벼운 근력 운동] 건강을 위한 균형

C 사모님의 접근법이 전적으로 정신적 측면에만 초점을 맞춘 것은 아니었다. 그녀는 주 3~4회 가벼운 근력 운동도 병행했다. 하지만 B 사모님처럼 무거운 중량으로 극한의 도전을 추구하기보다는 균형과 유연성을 높이는 운동에 집중했다. 소도구를 활용한 운동이 주를 이루었다. 가벼운 덤벨, 짐볼, 저항밴드로 전신 밸런스를 개선하는 동작들. 특히 자세 교정과 코어 강화에 중점을 두었다.

'몸의 균형이 잡히면 마음의 균형도 따라온다'라는 그녀의 말처럼 운동 중에도 호흡과 현재 순간에 집중하는 방식을 유지했다. 교정이나 기능성 트레이닝의 원리를 적용한 세션은 그녀에게 매우 효과적이었다. 특히 그녀가 선호했던 것은 '움직이는 명상'이라 부를 수 있는 운동들이었다. 가벼운 체조 같은 동작이나 스트레칭에서 영감을 받은 운동을 통해 신체와 정신을 동시에 단련했다.

▲ 'C 사모님 균형 및 유연성 운동' 소도구 활용 동작

[눈에 보이지 않는 성장] 내면의 변화가 가져온 삶의 평정심

6개월이 지났을 때 C 사모님의 변화는 눈에 띄게 드러났다. 다른 사모님들처럼 극적인 체중 감량이나 근육 증가는 없었지만 전체적인 존재감이 달라졌다. 그녀의 자세는 더 당당해졌고, 눈빛은 선명해졌으며, 피부는 더욱 빛났다. 무엇보다 그녀의 내면 변화가 놀라웠다. 예전에는 작은 일에도 쉽게 스트레스를 받고 불안해했지만 이제는 어떤 상황에서도 차분함을 유지했다. 사업 관련 위기가 있었을 때도 그녀는 놀라운 평정심으로 대처했다.

"예전에는 문제가 생기면 밤새 뒤척이며 걱정했어요. 하지만 지금은 문제를 문제로만 바라볼 수 있게 되었어요. 감정적으로 휘둘리지 않고요."

그녀의 변화는 잔잔한 물결처럼 주변 사람들에게도 영향을 미쳤다. C그룹 회장인 남편도 아내의 변화에 영감을 받아 아침 산책에 동참하기 시작했고, 그들의 자녀들도 저녁 식사 전 짧은 명상을 가족 의식으로 받아들였다. 가장 인상적이었던 것은 그녀가 이러한 습관들을 '트레이닝'이나 '다이어트'가 아닌 삶의 방식으로 받아들였다는 점이다. 그것은 일시적인 건강 프로그램이 아니라 영구적인 생활 패턴으로 자리 잡았다.

[그녀가 배운 교훈: 마음의 평화가 만드는 진짜 건강]

수많은 클라이언트를 만나며 나는 항상 느낀다. 건강에 대한 전문적인 지식은 내가 가장 잘 알고 있지만 때로는 일반인들의 특별한 경험과 관점이 내 전문성에 새로운 차원을 더해준다는 것을. C 사모님과의 여정은 다음을 통해 마음의 평화가 만드는 진정한 건강을 증명했다.

- 진짜 건강은 몸과 마음의 균형에서 시작된다. 신체적 건강 이전에 마음

의 평화가 그 토대가 됨을 깨달았다.
- 가장 단순한 것이 가장 강력하다. 아침 걷기, 저녁 명상처럼 일상의 작은 습관이 정신 건강에 놀라운 효과를 가져온다.
- 독서는 정신을 단련하는 또 다른 명상이다. 이야기 속에 몰입하며 현실의 걱정에서 벗어나고 숙면을 유도한다.
- 자연식은 몸뿐 아니라 마음까지 채운다. 식품 라벨을 확인하고 계절 식재료를 중시하며 '의식적 식사'로 음식에 대한 감사함을 느낀다.
- 몸의 균형이 잡히면 마음의 균형도 따라온다. 가벼운 근력 운동으로 유연성과 균형을 높이는 것이 정신 건강에도 긍정적인 영향을 준다.
- 건강은 수치나 크기가 아니라 마음의 평화와 일상의 균형에서 시작된다.
- 첨단 기술보다 개인의 내면을 이해하고 존중하는 것이 가장 강력한 치유의 힘이다.

이 습관들은 단순해 보이지만 꾸준히 실천하면 몸과 마음에 깊은 변화를 가져올 수 있다. 진정한 건강은 체중계의 숫자나 근육의 크기가 아니라 마음의 평화와 일상의 균형에서 시작된다.

이제 A, B, C 사모님의 사례를 통해 하나의 중요한 진리가 드러났다. 건강에 대한 접근법은 천차만별이지만 진정한 변화는 각자에게 맞는 방식을 찾고 그것을 삶의 일부로 받아들일 때 비로소 시작된다는 것이다. 화려한 드레스를 위한 여정이든, 철의 의지로 단련된 근육이든, 마음의 평화를 통한 균형이든, 모든 길은 결국 같은 목적지를 향한다. 그곳은 바로 자신만의 건강한 삶으로의 초대이다. 마지막으로 지루함을 피하고 다양성을 추구할 때 지속 가능한 변화가 온다고 믿었던 D 사모님의 이야기다.

당신만의 마음 건강 프로젝트 이렇게 시작하라!

√ 매일 아침 20분, 자연 속을 천천히 걸어보자. (휴대전화는 집에 두고)
√ 하루 5분, 호흡에 집중하는 짧은 명상으로 마음을 환기시키자.
√ 취침 전 10분, 스마트폰 대신 가벼운 소설이나 에세이를 읽어보자.
√ 식사할 때는 '의식적 식사'를 연습하자. (음식에만 집중)
√ 강도 높은 운동보다 균형과 유연성을 위한 가벼운 맨몸 운동을 꾸준히 하자.

네 번째 이야기

변주의 예술: D 사모님과 함께한 다양성의 힘

"지루함은 죽음과 같았어요."

그녀에게 건강 관리는 매일 새롭게 피어나는 '예술' 그 자체였다. 나는 수많은 클라이언트의 건강에 관한 다양한 접근법을 지켜봐 왔다. A 사모님은 시각화와 명확한 목표 설정을, B 사모님은 강한 근력 운동과 디톡스를, C 사모님은 마음과 몸의 균형을 중시했다. 그리고 D 사모님은… 완전히 다른 방식으로 나를 놀라게 했다.

D그룹 사모님과의 첫 만남은 지금도 선명하게 기억난다. 다른 사모님들처럼 건강이나 다이어트에 대한 구체적인 목표를 기대했는데 그녀의 첫 마디는 의외였다.

"트레이너님, 저는 지루한 건 정말 못 견뎌요. 운동도 매일 똑같은 걸 반복하면 일주일도 못 갈 것 같아요. 하지만 건강해지고 싶어요. 어떻게 하면 좋을까요?"

그 순간 나는 그녀의 성향을 직감했다. 아티스트적 기질, 변화를 갈망하는 마음, 그리고 체계 속에서 자유를 원한다는 모순적인 내면. 나는 그녀를 위한 전혀 새로운 건강 여정을 구상하기 시작했다. 그것은 마치 한 폭의 예술 작품을 함께 그려나가는 과정과 같았다.

[요일별 운동 시스템] 체계적인 변화의 예술

　일반적으로 많은 트레이너들은 일관된 루틴을 강조한다. 같은 운동을 꾸준히 반복해야 근육이 발달하고 진전이 있다는 이론이다. 그러나 D 사모님은 그런 방식으로는 장기적인 동기부여를 유지할 수 없다고 확신했다. 그래서 우리는 완전히 다른 접근법을 시도했다. '요일별 운동 시스템'을 개발한 것이다.

D 사모님의 요일별 운동 루틴

- **월요일** - 근력 운동(웨이트 트레이닝) → 기초 근력 유지 (한 주의 시작을 힘 있게)
- **화요일** - 골프 & 코어 운동 → 유연성 & 집중력 강화 (취미와 연계, 몸의 중심 단련)
- **수요일** - 필라테스 → 몸의 정렬 & 코어 강화 (숨겨진 근육 활용, 감각/균형 집중)
- **목요일** - 요가 & 유산소 운동 → 순환 개선 & 체지방 관리 (호흡과 움직임 조화, 유연성)
- **금요일** - 교정 스트레칭 & 릴렉스 운동 → 긴장 해소 & 근육 회복 (이완의 중요성 체감)
- **토요일** - 근력 운동(웨이트 트레이닝) → 근육 밸런스 조정(다양한 도구 활용, 활력 불어넣기)
- **일요일** - 성악 & 클래식 음악 감상 → 호흡 훈련 & 감성 힐링(조용하고 풍부한 감성 회복)

처음 이 시스템을 구상했을 때는 단순히 다양성을 통해 지루함을 방지하는 데 초점을 맞췄다. 하지만 몇 개월이 지나자 예상치 못한 이점들이 드러났다.

"매일 다른 운동을 하니 마치 한 주가 음악 앨범 같아요. 각 요일이 서로 다른 곡처럼 독특한 느낌을 주면서도, 전체적으로는 하나의 완성된 작품이 되는 느낌이죠."

D 사모님의 이 말은 그녀의 예술적 감성을 완벽하게 보여주었다. 신체적으로는 놀라운 변화가 있었다. 특정 부위나 체력 요소만 발달하는 불균형 대신, 근력, 유연성, 지구력, 균형감, 호흡 능력까지 모든 영역이 고르게 발전했다. 부상 위험도 현저히 감소했는데, 다양한 움직임은 특정 관절이나 근육에 반복적인 부담을 주지 않았기 때문이다. 무엇보다 D 사모님은 이 시스템에 진심으로 즐거움을 느꼈다. 1년이 지난 후에도 그녀는 여전히 열정적으로 참여했고, 오히려 더 발전된 형태로 자신만의 운동 스타일을 구축해 나갔다.

[예술과 운동의 만남] 클래식 선율 위에서 피어난 건강

D 사모님과의 세션에서 가장 특별한 부분은 예술을 운동에 통합한 것이었다. 운동 전에는 바흐나 드뷔시 같은 차분한 클래식 음악으로 마음의 준비를 했다.

"음악은 제게 마음의 문을 여는 열쇠예요."

운동 중에는 베토벤의 교향곡이나 안토니오 비발디 '여름(Summer)' 3악장 음악으로 리듬을 타며 에너지를 높였다. 가장 인상 깊었던 날은 그녀가 베토벤 5번 교향곡에 맞춰 스쿼트를 할 때였다. 음악의 템포에 맞춰 평소보다 훨씬 힘 있고 부드러운 움직임을 보여주었다. 음악이 그녀의 몸짓에 날개를 달아준 듯했다. 운동 후에는 성악 훈련으로 마무리했다. 깊은 복식호흡은 신체 회복을 돕고 마음을 안정시켰다.

"아리아를 연습하면 온몸이 하나의 악기가 돼요."

운동은 그녀에게 단순한 체력 관리가 아니라 예술적 자기표현의 수단이 되었다. 이러한 접근법은 그녀의 신체적 건강뿐만 아니라 정서적 웰빙에도 큰 영향을 미쳤다.

▲ 운동과 예술의 조화 - 운동 전후 예술 결합]

운동 후 성악이 주는 5가지 회복 효과

1. **복식호흡으로 회복 가속화** → 산소 공급 증가, 심박수 안정, 피로 해소 촉진
2. **부교감신경 자극 (마음의 이완)** → 스트레스 완화, 긴장 해소, 심리적 안정 유도
3. **자세 교정 효과** → 발성 시 척추 정렬, 흉곽 개방 → 운동 후 자세 통합
4. **감성 회복 & 창의성 자극** → 운동 후 감정 정화 + 뇌 활성화로 정서 회복
5. **지속 가능한 습관 형성** → 운동 후 즐거움 제공 → 꾸준함 유지에 큰 도움

이렇게 실천해 보자

시간대	활동	목적
운동 직후	복식호흡 3분 + 가벼운 스트레칭	자율신경 안정화
5분 후	좋아하는 노래 1~2곡 부르기	감정 평화 + 폐활량 회복
하루 루틴	주 3회 이상 반복	지속 가능성 확보

정리하자면 운동 후 성악은 단순한 여흥이 아니다. 이는 몸의 회복뿐 아니라 감정의 정화를 동시에 이끄는 복합적인 건강 루틴이다. D 사모님의 사례처럼 클래식 음악과 성악을 통한 마무리는 예술과 건강이 만나는 가장 창의적인 방식이었다. 꼭 성악이 아니어도 괜찮다. 좋아하는 노래를 부르거나 음악에 맞춰 춤추며 노래해도 된다. 중요한 것은 운동의 끝을 어떻게 마무리하느냐이다. 그 마무리 속에 감정이 풀리고 숨결이 정리되며 진짜 회복이 시작된다.

[식단의 변주곡] 자연과 세계의 맛을 담다

식단에서도 그녀는 같은 원칙을 적용했다. 단조로운 다이어트 식단을 거부하고 제철 식재료와 세계 각국의 요리를 탐험했다. 봄에는 새싹 채소, 여름에는 수분 많은 과일, 가을에는 뿌리채소, 겨울에는 따뜻한 슈퍼푸드를 즐겼다.

또한 지중해식 식단, 일본 가정식, 인도 커리 등 매주 다른 문화의 건강식을 경험했다.

"음식은 그 나라의 문화와 역사를 담고 있어요."

이런 다양성이 오히려 식단 관리를 더 지속 가능하게 만드는 것을 보며 나는 기존의 다이어트 접근법에 대해 다시 생각하게 되었다. 많은 사람들이 제한적인 식단으로 인한 권태감 때문에 포기하는 반면 D 사모님은 항상 새로운 맛과 경험을 통해 건강한 식습관을 즐길 수 있었다.

▲ D 사모님 문화별 건강 식단

[변화 속의 일관성] 지속 가능한 건강의 비밀

D 사모님과 함께하면서 나는 중요한 깨달음을 얻었다. '변화'와 '일관성'

은 반대되는 개념이 아니라 오히려 서로를 보완할 수 있다는 것.

"자연은 끊임없이 변하잖아요. 건강 관리도 자연처럼 변화의 리듬을 따라야 해요."

우리는 '핵심 원칙(규칙적인 운동, 균형 잡힌 영양, 충분한 회복)'은 유지하되 그것을 실현하는 방식은 자유롭게 변주하는 방식을 택했다. 이것이 그녀만의 지속 가능한 건강법이었다.

6개월이 지난 후 D 사모님의 결과는 놀라웠다. 체중과 체지방은 자연스럽게 감소했고 근력과 유연성은 향상되었다. 하지만 더 중요한 것은 그녀가 이 과정을 진심으로 즐기고 있다는 점이었다. 다른 클라이언트들이 '인내'와 '극복'을 이야기할 때 그녀는 '즐거움'과 '발견'을 이야기했다.

"트레이너님, 이제 건강 관리는 제 삶의 의무가 아니라 즐거움이 되었어요."

그녀가 어느 날 세션을 마치며 말했다.

"매일 새로운 것을 발견하고 경험하는 여정이죠."

이것이야말로 진정한 지속 가능성의 비밀이었다.

[모두를 위한 교훈] 즐거움이 만드는 건강의 예술

D 사모님의 사례는 건강과 피트니스에 '올바른 한 가지 방법'은 없다는 것을 다시 한번 일깨워주었다. 그녀는 다음을 통해 즐거움이 만드는 건강의 예술을 증명했다.

- 지루함을 피하고 다양성을 추구할 때 지속 가능한 변화가 온다. 매일 다른 운동 유형, 식단 변주를 통해 즐거움을 유지했다.
- 예술과 운동을 결합하면 더 깊은 의미와 즐거움을 찾을 수 있다. 음악,

성악 등 자신의 취미를 건강 관리에 통합하여 시너지 효과를 냈다.
- 자연의 리듬을 따르고 '의식 있는 식사'를 실천한다. 제철 식재료와 다양한 문화권의 건강식을 탐험하며 몸과 마음의 균형을 맞췄다.
- 변화 속에 일관된 핵심 원칙을 유지하는 것이 지속 가능성의 비밀이다. 규칙적인 운동, 균형 잡힌 영양, 충분한 회복이라는 큰 틀은 지켰다.
- 건강 관리는 고통스러운 인내가 아니라 자기 발견과 창의적 표현의 여정이다. 즐거움을 최우선에 두었을 때 진정한 변화가 시작됨을 깨달았다.
- **결국 가장 중요한 나침반은 타인의 성공 사례가 아닌 자신만의 열정과 즐거움이다.**

나는 오늘도 많은 이들에게 이 이야기를 들려준다. 건강 관리가 고통스러운 인내의 과정이 아니라 자기 발견과 창의적 표현의 여정이 될 수 있다는 것을 믿기 때문에. 변화를 두려워하지 말고 오히려 그것을 지속 가능성의 비결로 삼고 당신만의 리듬을 찾으라고. 그리고 무엇보다 그 과정을 온전히 즐기라고.

당신만의 건강 예술 프로젝트 이렇게 시작하라!

√ 매일 똑같은 운동이 지겹다면, 요일별로 다른 활동을 시도해 보자. (예: 월-근력, 화-요가, 수-수영)
√ 좋아하는 음악이나 취미를 운동에 통합해 보자. (예: 댄스, 성악, 그림 그리기 전 스트레칭)
√ 식단에 '변주'를 주자. (예: 주 1회 다른 나라 건강식 시도, 제철 식재료 활용)
√ '몸의 소리'에 귀 기울이고 자연의 리듬에 맞춰 휴식과 활동을 조절하자.
√ 가장 중요한 것은 '즐거움'이다! 즐거움이 곧 지속 가능성의 핵심이다.

네 분 사모님의 여정을 통해 나는 건강이라는 인생의 퍼즐을 완성하는 방법이 얼마나 다양할 수 있는지 배웠다. D 사모님의 사례는 특히 우리에게 중요한 교훈을 남긴다. 건강은 단순한 규칙이나 숫자의 게임이 아니라 창의적 표현과 일상의 기쁨이 될 수 있다는 것을. 다양성은 단점이 아닌 강점이 될 수 있으며, 즐거움은 단순한 보너스가 아닌 지속 가능성의 핵심이다. 결국 최고의 지침서는 바로 자신의 마음이 향하는 방향이다. 우리 모두에게는 각자의 리듬이 있다. 그 리듬을 발견하고 즐기는 것, 그것이 건강한 삶의 진정한 예술이다.

에피소드

편지 속에 담긴 말하지 못한 이야기

가끔, 예상치 못한 순간에 사모님들께 편지를 받는다. 정성스럽게 눌러쓴 손 글씨와 따뜻한 문장들.
"덕분에 건강이 좋아졌어요."
"항상 감사합니다."
짧은 글이지만 그 안에는 참 많은 것이 담겨 있다.
처음엔 조금 낯설었다. 내가 했던 일에 대해 누군가 진심으로 고마움을 표현해준다는 게 어색하게 느껴졌다. 하지만 시간이 지나면서 그 편지들이 내 마음 깊숙한 곳을 자꾸 건드렸다. 마치 내 일의 의미를 조용히 되짚어주는 느낌이었다.
어떤 날은 조용히 그 편지들을 다시 꺼내 읽곤 한다. 종이의 온기, 글씨의 결, 그리고 한 글자 한글자가 내 마음을 다독인다. 그 편지를 읽을 때면 늘 이런 생각이 든다.
'아, 내가 한 걸음씩 걸어온 길이 누군가에게는 큰 의미였구나.'
나는 대단한 일을 한 건 아니다. 그저 내 자리에서 매일 진심을 다했을 뿐이다. 하지만 그 작은 진심이 누군가의 하루를 바꾸고, 그 하루가 모여 건강한 삶으로 이어졌다는 사실이, 내게는 더없이 큰 보람이 된다.
어쩌면 내가 받은 편지 속에는 '표현하지 못한 이야기'보다 '표현하지 않아도 전해지는 마음'이 더 많았던 것 같다. 그래서 오늘도 나는 한 장의 편지를 마음에 품고 다시 움직인다. 몸은 똑같이 바쁘지만, 마음은 한결 가볍다. '고맙습니다'라는 짧은 한 줄이 때론 하루를 환하게 밝히는 햇살이 되기도 하니까.

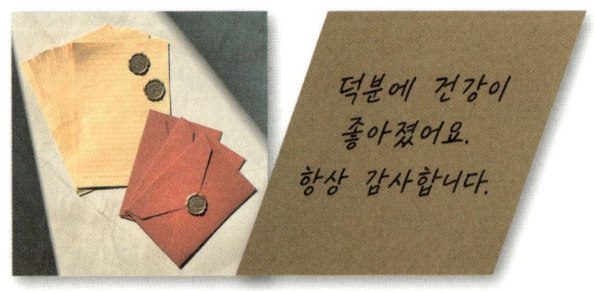

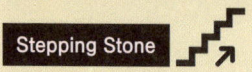

내 체형 자가 진단 가이드

잠깐! 당신의 몸은 어떤 타입인가? 자신의 체형을 알면 성공적인 다이어트와 건강 관리에 유리하다. 간단한 자가 진단을 통해 당신에게 맞는 식단과 운동 방향을 확인해 보자.

■ 내배엽형 (Endomorph)

- 살이 쉽게 찌고 잘 빠지지 않으며 탄수화물에 민감하다.
- 복부나 허벅지에 살이 잘 붙고 유산소 운동에도 체중 감소가 느리다.
  - 식단은 고단백·저탄수화물 위주가 효과적이며 저탄고지 패턴이 좋다.
  - 운동은 전신 서킷 트레이닝과 주 4회 이상의 유산소를 권장한다.
  - 주의할 점은 스트레스를 받으면 폭식하기 쉽기 때문에 식사 패턴 관리를 철저히 해야 한다.

■ 중배엽형 (Mesomorph)

- 근육이 쉽게 붙고 탄탄한 체형이며 살도 비교적 잘 찌지만 관리가 용이하다.
  - 식단은 균형식 위주로 유지하고 단백질과 미네랄 섭취에 신경 써야 한다.
  - 운동은 유산소와 무산소 운동을 고르게 섞고 주기적으로 프로그램을 변경하는 것이 좋다.
  - 자만하지 않고 꾸준히 관리하지 않으면 내배엽처럼 살이 찌기 쉬우니 주의가 필요하다.

■ 외배엽형 (Ectomorph)

- 마른 체형으로 살이 잘 안 찌고 근육 증가가 어렵다.
- 식사를 거르면 바로 체중이 줄어들고 근육량 유지가 힘든 편이다.
  - 식단은 탄수화물을 충분히 섭취하고 공복 시간을 길게 두지 않는 것이 중요하다.
  - 운동은 짧고 강도 높은 웨이트 위주로 하고 유산소는 최소화해야 한다.
  - 유산소 운동을 과하게 하면 근 손실이 생기기 쉬운 점을 주의해야 한다.

■ 혼합형 참고

최근에는 순수 한 가지 체형보다 혼합형 체형도 있다. 예를 들어 내배엽+중배엽형처럼 복부 지방이 많지만 운동하면 근육이 금방 붙는 경우이다. 자신의 주요 특성을 파악해 그에 맞는 전략을 세우는 것이 가장 중요하다.

▼ 위에서 아래로: 내배엽, 중배엽, 외배엽

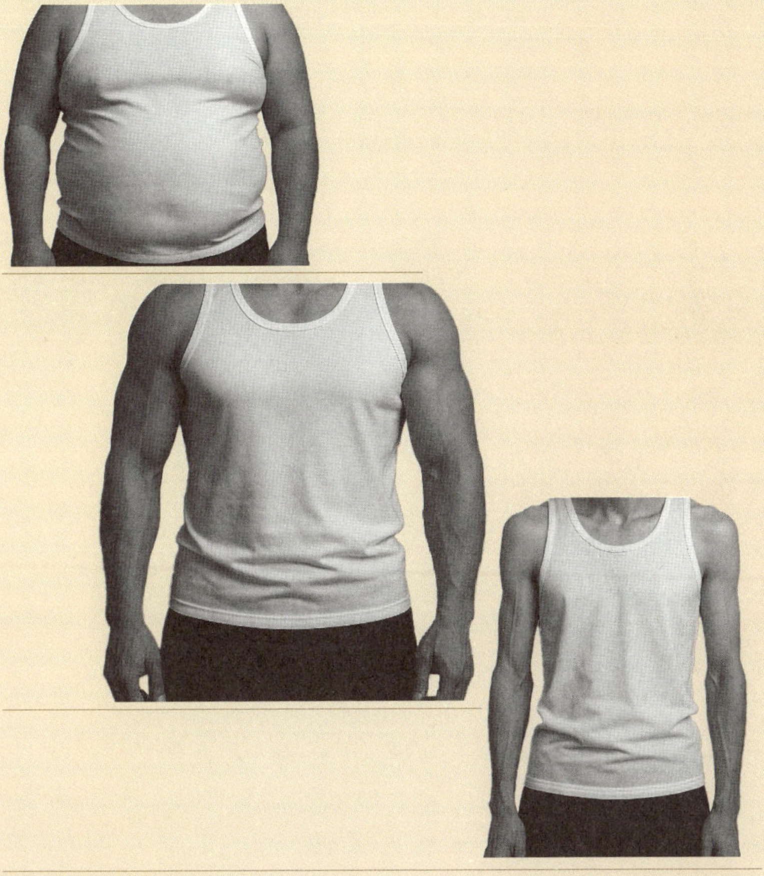

사람마다 효과가 다른 이유는 바로 체형 때문이다. 내 체형을 이해하는 순간 다이어트와 운동의 답이 보인다.

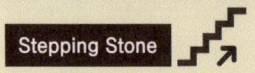

재벌가 전담 트레이너가 되는 법

최상위 0.001%의 건강을 책임지는 '전담 트레이너 자리'는 누구에게나 열려 있지 않다. 20년 전 내가 겪었던 채용 과정에서 지금까지 변하지 않는 기준이 있는가 하면 새롭게 변화한 시대의 요구도 있다. 이 특별한 직업의 베일을 벗겨주겠다. 평범한 헬스 트레이너나 전문가 지망생이라면 주목하자!

{ 필수 자격 요건 }

- **폭넓은 경력과 전문 자격증**
  - 단순 PT가 아니라 재활, 식단, 심리, 신경계까지 복합 지식 필수
  - 데이터 기반 분석 능력(바디 체크, HRV, ROM 검사, 근육 검사)이 최근 필수로 떠오름
- **긴급 상황 대처 능력 필수**
  - CPR/AED 수료교육은 기본(현재 자격증은 없음). 경호 및 돌발 상황 대응이 트레이너 생존 능력의 척도
- **해외 및 출장 유연성**
  - 국내외를 오가는 회장님의 스케줄에 맞춰 언제든 동행할 수 있어야 한다. 유연성과 기동성이 필수적이다. 비자·여권 상시 준비, 해외 클라이언트 동행 경험 선호
- **리커버리 테크 및 재활 능력**
  - 단순히 운동 지도를 넘어 신체 회복과 컨디션 관리에 필요한 실전 심부 마사지, 교정, 통증, 테라피 기술은 강력한 강점이다. 테라건, 마사지건, 근막 이완 등 최신 회복 장비 활용 필수
- **외모 & 퍼스널 브랜딩**
  - 첫인상은 신뢰를 좌우한다. 단정하고 깔끔한 외모는 물론 자기관리가 철저하다는 인상을 주는 것이 중요하다. 과도한 문신, 염색, 피어싱은 감점 요소가 될 수 있다.

{ 면접에서 주목받는 인재상 }

- 맞춤 솔루션 설계 능력
  - PT 기획력, 개인 맞춤형 프로그램 디자인 가능자 선호
- 비밀 유지 & 윤리성
  - VIP 사생활 보호 능력 + SNS 비밀 유지 준수 중요
- 소통력과 프레젠테이션 능력
  - VIP는 "가르치는 사람"보다 "함께 설계하는 파트너"를 원함. 커뮤니케이션이 핵심
- 지속 성장 마인드셋
  - 자기 계발과 업스킬(새로운 트레이닝 기술 습득)이 큰 경쟁력

이 모든 조건은 '단순한 트레이너'를 넘어 '최고의 건강 파트너'를 찾는 재벌가의 눈높이를 반영한다. 당신의 숨겨진 잠재력을 발견하자!

HRV 심박 변이도: (자율 신경계 균형, 스트레스, 회복도, 혈관 나이 파악)
ROM 관절 가동 범위: (유연성, 기능 평가, 운동 계획 수립)
CPR (심폐 소생술) & AED (자동 심장 충격기)

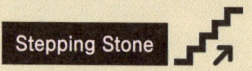

CEO, VVIP 트레이너가 되기 위한 핵심 역량 가이드

재벌 CEO 곁에서 버티는 트레이너는 '운동 전문가'만으로는 부족하다. 섬세한 센스, 매너, 위기 대처 능력까지 갖춘 '복합형 인간'이 되어야 한다. 이 가이드는 유관 분야 취업을 꿈꾸거나, 내 몸의 VVIP가 되고 싶은 당신을 위한 로드맵이다.

1. 트레이너의 본질: 몸을 설계하는 전문가
- 맞춤 운동 프로그램 설계 능력
- 체형 평가 및 운동 분석 스킬
- 자세 교정과 기능성 운동 지식
- 상황 맞춤 세션 리딩 (스케줄, 컨디션 즉시 파악)

실무 필수 요소: 운동 과학, 체형 진단법, 코어 강화, 자세 교정법, 컨디션 케어

2. 수행원의 기본: 신뢰를 만드는 태도와 매너
- 상황에 맞는 공적인 태도 (절제된 언행과 매너)
- 품격 있는 외형과 복장 관리 (정갈한 인상 유지)
- 비서·스텝과의 원활한 커뮤니케이션
- 일정과 상황 흐름에 대한 민감도

실무 필수 요소: 비즈니스 매너, 비공식 커뮤니케이션, 상황 대응력, 복장 심플룰

3. 그림자의 지혜: 존재하되 티 나지 않게
- 존재감 조절력 (필요할 때만 등장, 불필요한 노출 최소화)
- 대화 센스와 공기 읽기 능력
- 고요한 지원과 빠른 대처 감각

실무 필수 요소: 눈치, 동선 최적화, 조용한 효율성, 그림자 대화법

4. 위기 관리자의 순간 본능
- 위기 발생 시 즉각적인 판단력
- 기본적인 신체 보호 움직임 (비공식 보디가드 스킬)
- 긴장 상황에서 차분한 말투와 표정 관리
- 순간 대처 커뮤니케이션 능력

실무 필수 요소: 비상 대처 시나리오, 위기 질문법, 돌발 상황 대처 훈련

5. 심리·회복 관리사: 몸과 마음을 동시에 책임진다.
- 회복 프로그램 설계 (마사지, 스트레칭, 근막 이완)
- 피로도 및 스트레스 상태 즉시 파악
- 심리적 긴장 완화 대화법 (가벼운 대화, 휴식 유도)
- 휴식과 회복을 위한 환경 셋팅 (온도, 소음, 향기 관리)

실무 필수 요소: 심리 케어, 마사지 스킬, 수면 유도법, 공간 케어

트레이너가 한마디

재벌 CEO 곁에서 버티는 트레이너는 '운동 전문가'만으로는 부족하다. 섬세한 센스 + 매너 + 위기 대처 능력까지 갖춘 '복합형 인간'이 되어야 한다. 개인적으로 책을 많이 읽기를 추천한다. 나는 이런 여러 가지 니즈를 충족하기 위해 '스트레칭 교정 테라피'를 만들고 연구했으며 실제도 VVIP들을 위해 사용하고 있다. 자기만의 색을 가지길 바란다.

재벌의 건강 관리법

하루의 피로를 풀어주는 후두골 마사지

테라피를 진행할 때는 스트레스와 긴장을 풀기 위해 후두골 부위를 자주 집중적으로 풀어드렸다. 후두골은 목뒤와 머리가 연결된 지점으로 긴장과 스트레스가 가장 많이 쌓이는 곳이다. 후두골을 부드럽게 마사지하면 회장님은 매번 편안한 표정으로 짧게 숨을 내쉬셨다. 그 순간 하루의 피로가 눈 녹듯 사라지는 걸 느낄 수 있었다.

이 특별한 관리법은 회장님뿐 아니라 당신도 충분히 따라 할 수 있나. "성발 내가 혼자 해도 될까?"라는 걱정은 하지 않아도 된다. 실제로 내가 회장님께 10년 넘게 직접 사용하며 그 효과를 검증했다. 단 5분이면 하루의 스트레스와 긴장을 날릴 수 있는 가장 쉽고 확실한 방법이다. 지금부터 그 핵심 관리법, '하루 5분 후두골 테라피'를 당신에게도 공개한다. (사람의 스킬이나 몸 상태에 따라 효과는 달라질 수 있음)

하루 5분 후두골 테라피
스트레스가 사라지는 마법

Step 1. 편안하게 눕거나 앉아서 준비하기 (30초)
눈을 감고 편안한 자세로 호흡을 천천히 2~3회 반복한다.

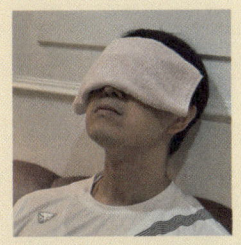

Step 2. 후두골 아래 지압하기 (2분)
양손을 깍지 끼고 머리 뒤쪽, 목과 머리가 만나는 움푹 들어간 부위(후두골 아래)에 대고, 엄지손가락으로 원을 그리며 부드럽게 눌러준다. 강하지 않고 기분 좋은 압력으로 2분간 천천히 눌러준다. (강한 걸 원하면 수직으로 올리며 압박해 준다)

  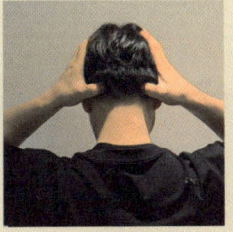

Step 3. 고개 좌우 천천히 흔들기 (1분)
손을 그대로 유지한 채로 고개를 천천히 좌우로 살짝 흔들어준다. 근육이 자연스럽게 풀리면서 목의 긴장도 함께 풀린다.

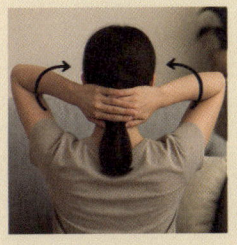  

Step 4. 머리 뒤쪽을 위로 가볍게 당기기 (1분 30초)

양손으로 깍지를 낀 상태에서, 목뒤를 살짝 위로 들어 올리듯 천천히 당겨준다. 후두골과 목 주변의 깊은 근육까지 풀리며 머리가 맑아지는 느낌이 들 것이다.

 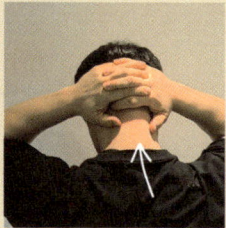 

▲ 휴대전화로 QR 코드를 찍으시면 따라 하기 동영상을 보실 수 있습니다.

이 간단한 루틴은 내가 수년간 현장에서 직접 검증한 가장 효과적인 방법이다. 회장님은 물론, 수많은 CEO와 정재계 인사들이 이 방법으로 하루를 마무리했다. 당신의 스트레스도 오늘부터 확실히 달라질 것이다. 하루 5분, 지금 바로 시작해 보길 바란다.

독자 참여 이벤트

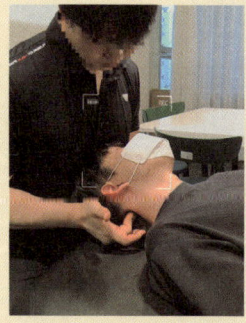 

▲ 회장님 버전 후두골 테라피 영상 QR 코드

후두골 영상을 보고 댓글을 달면 추첨해서 작가가 직접 회장님 버전 테라피를 해드립니다. (두피, 후두골, 승모근, 견갑, 교정 스트레칭 진행 30분~40분)

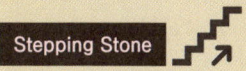 

VVIP도 따르는 건강 관리의 4가지 축

진짜 좋은 루틴이란 무엇인가? 재벌 회장과 그 가족들의 건강을 디자인하며 얻은 가장 큰 깨달음은 건강이 단순히 운동이나 식단 하나로 완성되지 않는다는 것이다. '운동', '식습관', '정신적 안정', '스트레스 관리'… 이 네 가지가 완벽하게 균형을 이룰 때 비로소 진정한 건강이 시작된다.

4가지 축이 서로 연결된 순환 고리 형태

1. **운동**: 몸을 움직이는 물리적인 활동. 체력 증진, 근력 강화, 유연성 향상 등
   - 핵심: 단순히 격렬함보다 '꾸준함'과 '개인 맞춤형' 설계가 중요
2. **식습관**: 몸의 에너지원과 회복을 돕는 영양 섭취
   - 핵심: '무엇을 먹는가'만큼 '언제, 어떻게 먹는가'가 중요하며, 몸의 리듬을 고려한 '에너지 흐름 설계'가 필요
3. **정신적 안정**: 마음의 평화와 회복 탄력성
   - 핵심: 과도한 스트레스는 신체에 직접적인 영향을 미치므로, 마음을 돌보는 시간이 필수 (명상, 휴식 등)
4. **스트레스 관리**: 일상에서 발생하는 부정적인 압력을 해소하는 능력
   - 핵심: 스트레스를 피하기보다 효과적으로 '해소'하고 '극복'하는 나만의 방법을 찾는 것이 중요 (테라피, 취미 등)

이 네 가지 축은 독립적이지 않고 서로 밀접하게 연결되어 있다. 어느 하나라도 무너지면 전체 건강 시스템이 흔들릴 수 있다. VVIP들이 끊임없이 이 균형을 유지하기 위해 노력하는 이유이기도 하다.

*부록 페이지에 〈재벌가에서도 실천하는 자녀 운동법〉이 첨부되어 있습니다.

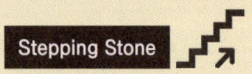

실전 적용 가이드

회장님의 하루를 당신의 하루로 만드는 법

재벌 회장님들의 하루는 1분 1초가 돈이다. '시간'은 가장 귀한 자산이기도 하다. 그런 그들이 어떻게 건강을 관리할까? 핵심은 바로 '시간 압축'과 '최적화된 루틴'이다. 그들의 24시간 건강 설계와 당신의 일상에 적용할 수 있는 실천 팁을 비교해 보자.

시간대	VVIP 루틴 (회장님)	당신의 일상 적용 루틴
아침 (기상 후)	오전 7시: 30분 집중 'CEO' 중년 체력 운동 (TRX, 복합 스쿼트, 덤벨 복합) 아침 식사: 뇌 활성화 식단 (견과류, 블루베리, 오트밀)	기상 후 5~10분: '하루 5분 트레이닝' (스쿼드, 팔굽혀펴기, 플랭크) 또는 스트레칭 아침식사: 탄수화물/단백질/지방 균형 잡힌 간단 식사 (통곡물 시리얼, 과일, 견과류)
점심 (업무중)	점심 휴식: 30분 낮잠 또는 짧은 명상 점심 식사: 에너지 & 심장 건강 식단 (연어, 현미밥, 아보카도 샐러드)	점심 휴식: 10분 산책 또는 스트레칭, 눈 감고 심호흡 점심 식사: 고단백 저탄수화물 위주, 신선한 채소 섭취 (샐러드, 닭가슴살 샌드위치)
저녁 (업무 후)	저녁 식사: 피로 회복 & 숙면 유도 식단 (닭가슴살, 채소구이, 퀴노아) 컨디셔닝 테라피 (스포츠 마사지, 아로마 테라피)	저녁 식사: 소화 부담 없는 가벼운 식사 (닭가슴살 샐러드, 단백질 위주) 귀가 후 20~30분: 가벼운 유산소 또는 폼플러 마사지, 스트레칭
주말/주기적	매년 60일 '클린 리셋' (간헐적 단식, 저탄수 고단백) '컨디션 난조' 시 과감히 스트레칭 중심 루틴으로 전환	주 1~2회: 가벼운 디톡스 식단 (클린 푸드 위주) 또는 주말 장보기로 건강 식단 준비 '컨디션 난조' 시 무리한 운동 대신 가벼운 스트레칭, 충분한 수면

요일별 컨디션 맞춤 설계 (VVIP & 당신)

VVIP는 스케줄에 맞춰 매일 다른 운동 설계를 한다. 당신도 요일별 컨디션이나 목표에 맞춰 운동 루틴을 조절해 보자.

- 월요일 (주 시작): 하체 / 코어 집중 (에너지 부스팅)
- 화요일: 가슴 / 유산소 (전신 순환)
- 수요일 (주중 피로): 가벼운 전신 스트레칭 / 마사지 (회복 집중)
- 목요일: 등 / 어깨 (자세 교정 및 근력)
- 금요일: 팔 / 유산소 (주 마무리, 심폐 및 체중 관리)
- 주말: 등산, 산책 등 야외 활동 또는 휴식

※ 선택적으로 월, 수, 금 또는 화, 목, 토 이런 방식으로 할 수 있음.

60일 클린리셋 프로그램

"몸과 정신을 재탄생시키는 하루 설계 전략" 프로그램은 부록에 있습니다.

대한민국 최초 재벌 회장 건강 식단 공개

메뉴	
조식 (400Kcal)	통밀 닭가슴살 야채샌드위치(150g), 계란 흰자 4쪽, 껍질째 먹는 사과 반쪽, 블루베리 15알
12:00 중식 (400Kcal)	아스파라거스를 곁들인 안심야채샐러드(100g), 그릴에 구운 연어구이(100g), 단호박구이, 방울토마토(15알), 현미고구마밥, 마늘 삶은 것, 김 구이, 백김치, 오이고춧가루무침
오후 식사 (400Kcal)	야채수프(브로콜리, 양배추, 양파, 샐러리, 콩) 사과당근 주스
오후 간식 (400Kcal)	닭가슴살 쉐이크, 오렌지 주스, 다크초콜릿, 오미자냉차
18:00 석식 (400Kcal) 석식 후 간식	현미밥, 백김치, 마늘 콩 삶은 것, 김 구이(고구마 말린 것, 현미 누룽지, 구운 버섯을 곁들인 안심야채구이, 칠리 소스를 곁들인 닭가슴살 야채찜((양상치와 야채를 곁들여 드림) 백태콩두유(콩을 삶아서 간 두유)

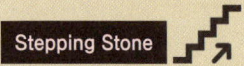

당신의 출장을 건강하게 만드는 체크리스트

- 필수 준비물: 운동화, 스트레칭 매트, 휴대용 마사지볼, 간단한 건강 간식 (아몬드, 단백질바)
- 현지 체크: 호텔 헬스장 상태, 근처 공원 위치, 산책로 GPS 저장
- 식단 세팅: 미리 간편식 준비, 물 충분히 챙기기
- 컨디션 케어: 수면 안대, 멜라토닌(수면유도제), 스트레칭 루틴, 영상 사전 준비

재벌 버전 vs 일반인 버전 비교

구분	재벌 회장님 루틴	당신도 가능한 실천 루틴
짐 꾸리기	맞춤 운동화, 고급 마사지건, 전담 트레이너 준비	가벼운 운동화, 폼플러나 마사지볼, 요가 매트 챙기기
헬스장 준비	호텔 피트니스 사전 체크, 비상 장비, 고급 이어폰 준비	출장 전 호텔 헬스장 유무 체크, 없는 경우 방에서 맨몸 운동 루틴 준비
식단 관리	전담 셰프 도시락, 항공 특별식 주문, 저염·저지방 메뉴 세팅	견과류, 프로틴바, 단백질쉐이크, 배달앱에서 샐러드·샐러드랩 미리 찜하기
컨디션 회복	출장지 전용 테라피 공간, 호텔 고급 스파, 전용 스트레칭 세션	간단한 폼플러 스트레칭, 온수 샤워 후 가벼운 스트레칭, 자기 전 목·어깨 마사지
업무 스트레스 대응	트레이너가 신장도·컨디션 전담 케어	야외 산책, 짧은 명상 (5분 타이머), 출장 중 물 충분히 마시기
술 자리 이후 관리	와인 안주 전담 플래터, 다음 날 맞춤 재활 루틴	저염 안주 선택 (견과류, 육포), 다음 날 스트레칭·수분 충분·스트레칭

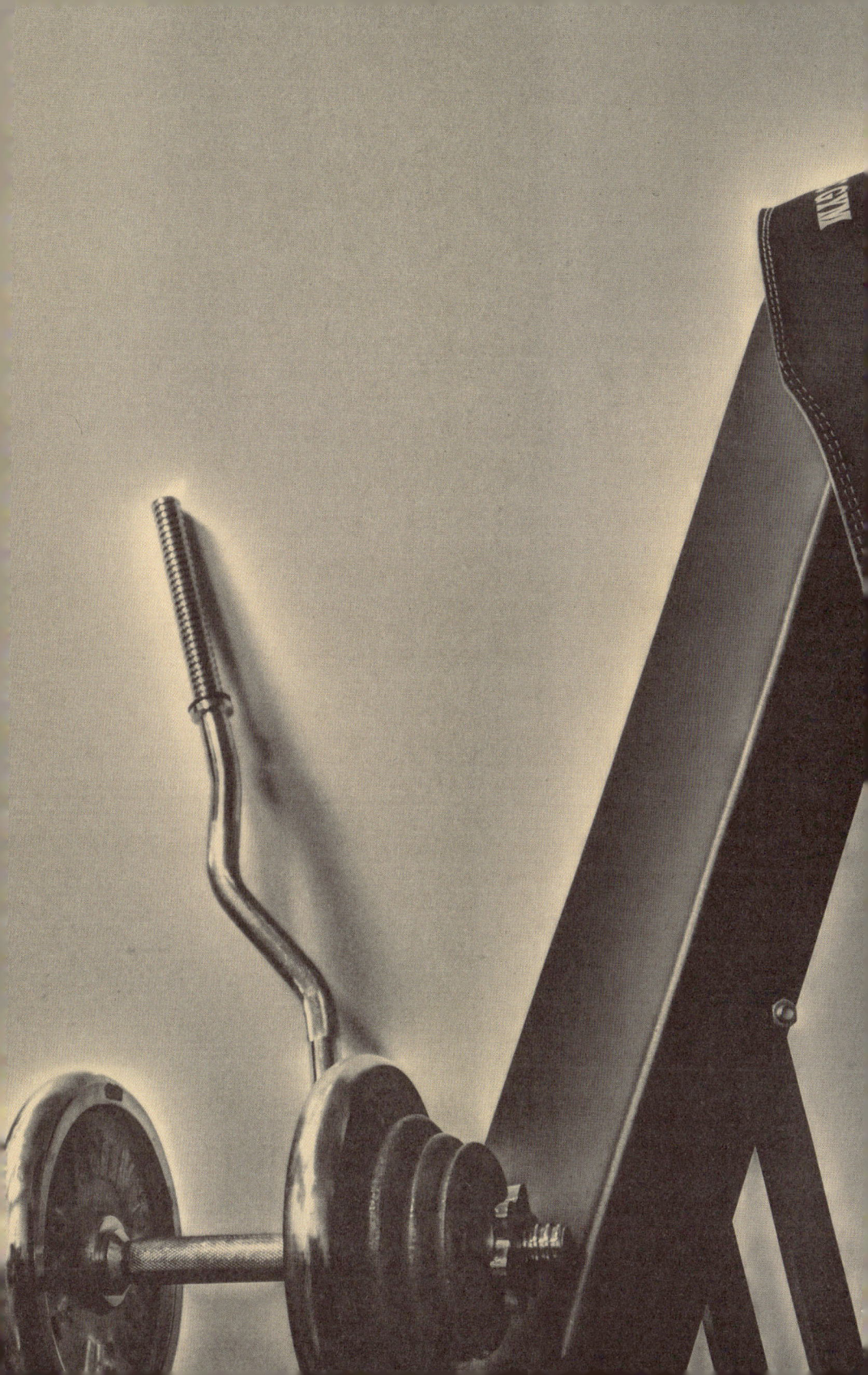

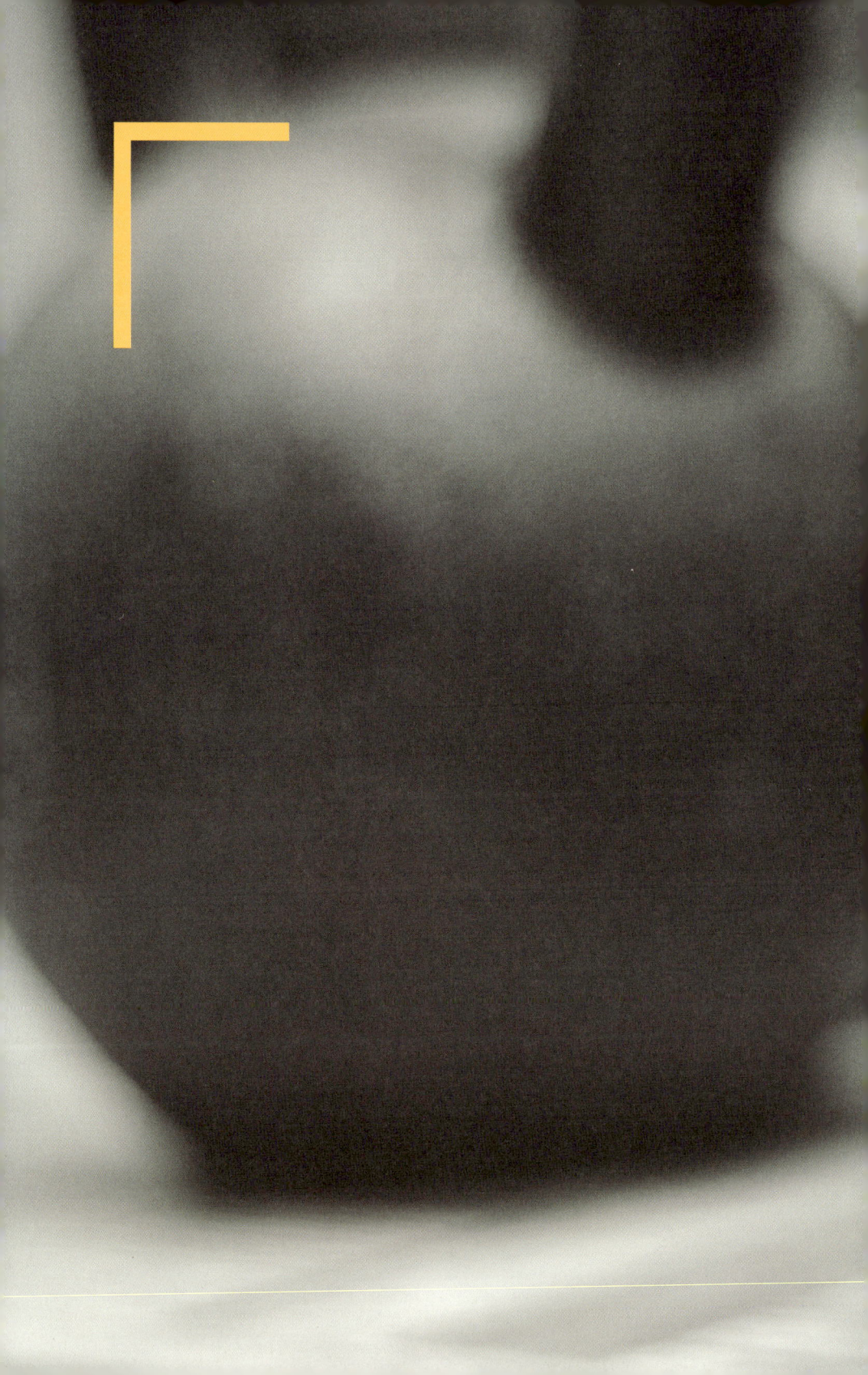

제2부

철저한 자기관리 설계도
작은 습관이 인생을 바꾼다

리더의 생존 공식

상위 0.1%만 지키는 3가지 원칙

리더는 매일 자신과 싸운다

이따금 생각한다. 세상에서 가장 치열한 삶은 과연 어떤 모습일까? 나는 3대 재벌 회장님들 곁에서 그 답을 찾아냈다. 겉보기에 그들은 모든 것을 가진 사람들이다. 돈, 명예, 권력… 세상이 부러워하는 모든 것을 거머쥐었다. 하지만 그 화려한 모습 뒤에는 누구도 상상하기 힘든 고독하고 치열한 전투가 매일 벌어지고 있었다. 바로 '자기 자신과의 싸움'이다.

그들은 왜 그토록 자기관리에 목숨을 거는가? 내가 본 그들의 삶은 단순한 성공이 아니라 말 그대로 '생존' 그 자체였다. 한 치의 오차도 허용되지 않는 글로벌 경쟁 속에서 그들은 언제나 최상의 의사결정을 내려야 했다. 하루에도 수십 개의 중대한 결정을 내리고, 수많은 사람의 운명이 그들의 선택 하나에 달려 있었다. 이러한 압도적인 중압감 속에서 잠시라도 흐트러지면 모든 것을 잃을 수 있다는 절박함이 그들을 움직였다.

한번은 K 회장님이 내게 이런 말씀을 하셨다.

"트레이너, 이 자리는 말이야. 끊임없이 나를 증명해야 하는 곳이야. 몸이 무너지면 생각도 무너지고, 결국 모든 것이 무너져."

그의 목소리에는 단순한 피곤함 이상의 깊은 책임감이 서려 있었다. 나는 그 순간 깨달았다. 그들에게 자기관리는 단순한 '자기 계발'을 넘어선 '생존 전략'이었다. 무너지지 않는 몸과 마음만이 끝없이 이어지는 전쟁터에서 살아남을 수 있는 유일한 무기였던 것이다.

실제로 나는 곁에서 본 경험뿐 아니라 언론과 뉴스를 통해서도 여러 회장님의 건강이 기업 경영에 얼마나 치명적인 영향을 미치는지를 자주 확인할 수 있었다. 세계적인 기업의 CEO가 병가를 내거나 건강 이상설이 돌았을 때 실제로 해당 기업의 주가가 출렁이고 시장 전체가 민감하게 반응한 사례는 셀 수 없이 많다. 미국의 유명 IT 기업 회장이 수술 후 회복 중이라는 소식만으로도 기업 가치가 일시적으로 하락했고, 국내 대기업 회장님이 입원했다는 보도로 인해 그룹 전체의 주가가 흔들리는 장면이 뉴스에 등장하기도 했다. 그들에게 있어 몸과 마음의 사소한 빈틈은 곧 기업 전체의 위기로 이어질 수 있다는 사실은 결코 과장이 아니었다. 그래서 그들은 잠시의 나태함도 허용하지 않았다. 매 순간 자신을 관리하고 단련하는 데 모든 에너지를 쏟아부었다. 일반인에게 철저하다고 불릴 만한 수준은 그들에게 '기본'에 불과했다. 그들이 추구한 것은 '완벽'이 아니라, 그 위를 덮는 '압도적인 철저함'이었다.

흔들리지 않는 리더의 3가지 습관

그렇다면, 이 '흔들리지 않는 사람'들은 어떻게 그 혹독한 자기관리를 지속할 수 있었을까? 나는 그들의 곁에서 그 비밀을 찾아냈다. 바로 '원칙에 기반한 꾸준함'이었다. 그들은 타고난 의지력만으로 버티는 것이 아니었다. 일상의 모든 요소를 시스템화하고 어떤 상황에서도 흔들리지 않는 나만의 루틴을 만드는 데 집중했다.

첫째, '시간의 주도권'을 확보했다. 그들은 바쁘다는 핑계를 대지 않았다. 오히려 그 누구보다 시간이 없다는 것을 알았기에 단 5분이라도 '자신을 위한 시간'을 사수했다. 새벽 6시에 일어나 가장 먼저 운동하거나 중요한 회의 직전 짧은 명상으로 마음을 다스리는 식이었다. 그들에게 '나를 돌보는 시간'은 '우선순위'가 아니라 '필수'였다.

둘째, '불편함과의 동맹'을 맺었다. 편안함에 안주하지 않았다. 익숙한 루틴에 안주하는 순간 성장이 멈춘다는 것을 알았다. 매일 새로운 도전을 시도하고 어제보다 더 나은 나를 만들기 위해 의도적으로 불편함을 선택했다. 차가운 새벽 공기를 마시며 뛰는 러닝, 몸을 극한까지 밀어붙이는 고강도 훈련, 맛없는 건강식도 마다하지 않는 식단 조절. 이 모든 불편함이 그들을 '흔들리지 않는 강철 같은 사람'으로 단련시켰다.

셋째, 결과를 예측하고 집착했다. 그들은 단순히 '열심히' 하는 데 만족하지 않았다. 모든 행동의 결과를 명확히 예측하고 그 예측이 현실이 될 때까지 집요하게 몰두했다. 나의 몸 변화가 기업 경영에 어떤 긍정적인 영향을 미칠지, 어떤 컨디션이 최상의 성과를 만들지 늘 고민하고 실행했다. 그들에게 자기관리의 숫자는 단순한 기록이 아니라 곧 그들의 미래를 설계하는 데이터였다.

결국, 재벌 회장들이 '흔들리지 않는 사람'이 될 수 있었던 것은 거창한 비법 때문이 아니었다. 오직 자기 자신을 가장 중요한 자산으로 여기고 그 자산을 지키기 위해 매일매일 '철저하게 선택하고 실행하는 작은 습관들' 덕분이었다. 그들의 삶은 우리에게 묻는다. 당신은 오늘 가장 소중한 자산인 '건강'과 '자기 자신'을 위해 어떤 선택을 할 것인가?

건강과 기업 주가의 관계

애플 CEO 팀 쿡의 건강 루머 (2022)
한 외신이 "팀 쿡 CEO가 갑작스러운 건강 검진을 받았다."라는 루머를 보도하자 애플 주가는 일시적으로 약 1.5% 하락하며 300억 달러 이상의 시가총액이 증발. 이는 CEO의 건강 상태가 기업 신뢰도에 얼마나 큰 영향을 미치는지를 보여주는 사례로 회자함

삼성그룹 이건희 회장의 투병 (2014)
이건희 회장의 급작스러운 심근경색으로 인한 입원 소식이 전해지자 삼성그룹 주력 계열사들의 주가가 동시다발적으로 하락. 경영 공백에 대한 우려와 그룹 전체의 리더십 공백에 시장이 민감하게 반응한 대표적 사례

LVMH 베르나르 아르노 회장의 건강설 (2023)
프랑스 명품 그룹 LVMH 회장의 건강 이상설이 유럽 언론에 보도되자 해당일 프랑스 증시에서 LVMH 주가가 2% 가까이 하락. 이후 공식 부인에도 불구하고 일시적 주가 변동 발생

지식은 무기다

움직이는 백과사전이 되기까지

[지적 전투의 시작] 회장님의 날카로운 질문 공세

첫 번째 회장님과 함께한 시간은 내게 '육체적 기술과 극한의 훈련이 곧 생존의 무기'임을 가르쳐 주었다. 특히 회장님이 원하시는 테라피를 완벽히 제공하고자 나는 밤낮없이 기술을 연마했다. 수십, 수백 번의 반복 연습은 내 손을 단련했지만 동시에 엄지손가락에는 염증이 생겼고 손톱 사이가 벌어져 쓰라린 아픔을 겪기도 했다. 육체적 한계에 도전하는 시간이었다.

그러나 인생은 늘 예상치 못한 도전을 준비한다. 두 번째 회장님을 모시게 되었을 때 완전히 다른 시험이 나를 기다리고 있었다. 육체적 한계를 시험했던 첫 회장님과 달리 새로운 회장님은 내 지적 능력의 최전선을 거침없이 건드렸다. 손가락 염증의 고통이 채 가시기도 전에 이제는 머릿속 공백 앞에서 느끼는 지적 긴장감이 나를 덮쳤다. 테라피는 여전했지만 도전의 형태가 달라진 것이다. 이제부터는 몸이 아니라 머리로 싸워야 했다.

처음 뵙고 몇 번의 세션을 진행한 후 예상치 못한 순간에 질문이 날아왔다.

"염분이 세포로 흡수되는 경로를 설명해 봐."

"여기 통증의 문제를 얘기해 봐."

머릿속이 하얘졌다. 운동과 영양에 관해 공부해 왔지만 이런 세밀한 생리학적 질문이 나올 줄이야. 순간 식은땀이 등줄기를 타고 흘렀다.

'어떡하지? 틀린 답을 하면 바로 잘리거나 바보가 될 텐데…'

입안이 바싹 말랐다. 그저 트레이너로서 운동 프로그램을 설계하는 것만이 내 역할이 아니었다. 회장님께 신뢰를 얻으려면 운동뿐만 아니라 건강, 의학, 영양학까지 완벽해야 했다. 이 순간 깨달았다. 이건 지식 전쟁이었다. 하지만 더 긴장감을 주었던 건 일주일 후였다. 그분이 외부에서 다른 의사나 교수에게 내가 한 말을 다시 물어보고선 나에게 '네 말이 맞다고 하더군' 이렇게 말씀 주셨을 때였다. 왠지 싸늘했다… 이게 바로 오너 스타일인가? 다행히 답은 맞았지만, 만약 틀렸다면… 이곳은 다이어트도 절로 되는 곳이다. 어느새 내 눈은 판다 곰이 되어가고 있었다.

[VVIP가 기대하는 것] 단순한 트레이너를 넘어선 전문성

회장님뿐만이 아니었다. 또 다른 VVIP 고객은 운동하던 중, 갑자기 내게 물었다.

"운동과 암의 관계에 관해 설명해 주세요."

나는 이미 논문과 연구 자료를 통해 기본적인 지식을 알고 있었지만 그분 앞에서 당황하거나 머뭇거리는 모습을 보일 수는 없었다. 다행히 얼마 전 공부했던 내용이라 바로 답할 수 있었다. 또 한 흥미 있게 들으셔서 수업 분위기가 매우 좋았다. 그분은 단순한 호기심이 아니라 내가 얼마나 전문적인 사람인지 확인하고 싶어 했다.

"운동은 암 예방에 여러 면에서 도움이 됩니다. 첫째, 면역체계를 강화해 자연살해세포(NK세포)의 활성도를 높이는데 이 세포들이 암세포를 공격합니다. 둘째, 인슐린과 같은 성장인자의 수치를 조절해 암세포 증식을 억제합니다. 셋째, 체내 염증을 줄여주죠."

"자연살해세포라고요? 그게 정확히 뭔가요?"

VVIP는 고개를 갸웃하며 물으셨다.

나는 잠시 숨을 고르고 답했다.

"우리 몸의 면역세포 중 하나로 암세포나 바이러스에 감염된 세포를 바로 공격할 수 있는 '천부적인 암살자' 같은 존재입니다. 평소 운동을 통해 이 세포들의 활동을 높일 수 있습니다. 그런 연구 결과도 많습니다."

VVIP는 눈이 반짝이며 커졌다.

"정말 흥미롭네요."

설명이 아니라 강의를 듣는 것 같아 너무 좋았다며 칭찬하셨다. 그 순간 나는 지식이 어떻게 신뢰로 변환되는지를 목격했다. 그리고 또 운동 중 갑자기 뉴스를 보시다가 내게 물었다.

"지금 저게 어떻게 된 상황이에요?"

그것도 CNN 영어 뉴스를… 나보고 어쩌라고… 정치, 경제, 국제 정세까지… 나는 트레이너였지만 그들에게 신뢰를 얻기엔 운동 지식만으로는 한참 부족했다. 이제 필요한 건 박학다식한 사람, 그 자체였다. 이런 질문을 받을 때마다 나는 깨달았다.

"이대로는 안 되겠다."

회사에서 틈틈이 시간 날 때와 퇴근 후 집에 들어오면 뉴스와 사회 시사 정보를 빠짐없이 챙겨봤다. 경제신문, 의학 저널, 최신 건강 연구 자료… 어떤 질문이든 대답할 수 있도록 노력했다. 왜냐하면 질문에 제대로 답하지 못하는 순간 그들에게 신뢰를 잃게 되기 때문이었다. 트레이너로서 멍청해 보이면 끝이었다. 나는 '운동을 가르치는 사람'이 아니라 그들의 지적 호기심을 충족시켜 줄 사람이 되어야 했다.

특히 힘들었던 건 그 지식의 폭과 깊이였다. 건강과 운동만 알면 될 줄 알았던 트레이너가 어느새 여러 궁금증에 대한 답변 역할까지 해야 했다. 날카로운 질문에 대답하지 못했을 때의 그 침묵의 무게는 어떤 육체적 고통보다 더 무겁게 느껴졌다. 그럼에도 포기할 수 없었다. 이 길이 아니면 내가 설 자리가 없었다. 그렇게 나는 매일 밤 나만의 '지식 트레이닝'을 계속했다. 솔직히 말하자면 경영자나 지식수준이 너무 높은 사람을 상대하는 것도 정신적 긴장감이 컸다. 매일 밤 공부하고, 항상 최신 정보로 무장하고, 언제 날아올지 모르는 질문에 대비하는 삶. 때론 이런 생각이 들기도 했다. 평범한 것이 가장 좋을 때도 있지 않을까? 하지만 그건 사치스러운 생각이었다.

[지식은 또 하나의 근육이다] 신뢰를 만드는 강력한 무기

그들이 트레이너에게 기대하는 것은 단순한 운동 지도가 아니었다. 그것은 전방위적인 전문성이었다. 내게 요구된 것은 다음과 같았다.

- 깊이 있는 전문 지식: 단순한 운동 지식을 넘어 의학, 영양학, 생리학에 대한 깊은 이해가 필요했다. 때로는 새로운 트렌드 세부 지식까지 알아야 했다.
- 즉각적인 응답 능력: 질문이 날아올 때 당황하거나 머뭇거림은 신뢰를 잃는 지름길이었다. "잘 모르겠습니다."라는 말은 최대한 피해야 했다.
- 폭넓은 교양 지식: 뉴스부터 국내외 정치 상황까지 그들의 대화에 따라갈 수 있어야 했다. 내가 트레이너라는 사실은 종종 잊혔다.
- 실용적인 적용 능력: "그래서 내 상황에는 어떻게 적용되지?"라는 질문에 항상 준비되어 있어야 했다. 그들은 단순 정보가 아니라 지금 바로 적용할 수 있는 '자기 몸에 맞춘 해답'을 원했다.

- 끊임없는 배움의 자세: 어제의 지식은 오늘 이미 낡은 것이 될 수 있었다. 최신 연구와 트렌드에 뒤처지지 않는 것이 생존의 필수 요소였다. 지식은 또 하나의 운동이다.

특히 효과적이었던 것은 '사례 중심'이었다. 추상적인 이론보다 구체적인 사례가 훨씬 설득력이 있었다. 예를 들어 한 회장님이 운동과 면역력에 관해 물으셨을 때, 단순히 "운동이 면역력을 높입니다."라고 대답하는 대신 "외국의 A 기업 CEO는 매일 아침 30분 유산소 운동을 한 결과 5년간 감기에 한 번도 걸리지 않았고, 스탠퍼드 대학의 연구에 따르면 규칙적인 운동이 NK세포 활성도를 27% 높인다는 결과가 있습니다."라고 답했다.

또한 여기서 NK세포 활성도가 무엇이냐는 질문이 나올 수 있기 때문에 그 점도 염두하고 단어 하나하나의 의미를 잘 전달할 수 있도록 준비했다. 그런 것 때문에 가끔은 혼자서 예상 질문을 받았다고 생각하고 혼자서 중얼중얼하는 버릇이 생기기도 했다. 모르는 사람이 나를 보면 아마도 미친 사람이 아닌가 생각했을지도 모른다.

구체적인 숫자와 사례는 그들의 마음을 움직였다. 또 다른 VVIP가 식이요법에 관해 물었을 때도 마찬가지였다. "일본 장수 지역 오키나와 주민들은 하루 칼로리의 80%만 섭취하는 '하라하치부'라는 식습관을 가지고 있는데, 이것이 그들의 평균 수명을 높이는 요인 중 하나입니다."라고 설명했더니, 그날부터 그분은 식사량을 조절하기 시작하셨다. 하루 한 줄 뉴스 속에 나의 내일을 지키는 무기가 숨어 있었다. 공부는 단순한 취미가 아니었다. 그들의 삶을 이해하고, 공감하고, 더 나은 방향을 제시하기 위한 준비였다.

몸이 근육으로 단련되듯 지식도 일상의 루틴으로 쌓아야 했다. 나는 매일 밤 하루 한 기사라도 꼭 읽는 습관을 들였다. 건강, 영양, 생리학부터 국제 정세까지 폭넓게 보는 안목을 키웠다. 트레이닝 중에 바로 설명할 수 있도록 핵심 개념을 항상 정리해 두었다. 내 머릿속 지식은 단순한 정보가 아니라 언제든 꺼내쓸 수 있는 정제된 형태여야 했다. 지금 돌이켜보면 그 시간이 내게 가장 큰 자산이 되었다. 지식은 결국 신뢰를 쌓는 가장 강력한 무기였다.

  우리는 모두 각자의 분야에서 지식 전쟁을 치르고 있다. 이 전쟁에서 승리하는 비결은 의외로 단순하다. 매일 조금씩, 하지만 꾸준히 지식을 쌓아가는 것이다. 그 과정에서 느끼는 불안과 두려움 그리고 가끔의 성취감까지 모든 감정이 우리를 성장시키는 자양분이 된다. 트레이너로서 내 여정에서 가장 값진 깨달음은 지식이 단순한 도구가 아니라 관계를 형성하는 핵심이라는 것이다. 운동은 몸을 움직이고, 지식은 마음을 움직인다. 내가 얻은 신뢰의 핵심은 이 두 가지를 모두 다룰 수 있는 사람이었다는 점이다. 지식이란 준비된 자만이 사용할 수 있는 강력한 무기였다.

VVIP 트레이너의 지식 무기: 분야별 학습 가이드

VVIP 고객의 지적 호기심을 충족하고 신뢰를 얻기 위해 나는 끊임없이 지식을 탐구했다. 단순한 운동 지식을 넘어 '움직이는 백과사전'이 되기 위해 내가 파고들었던 핵심 학습 분야와 추천하는 책(유형)을 소개한다. 당신이 체육 종사자이며 전문성을 확장하고 싶다면 주목하자.

- 해부학 및 생리학: 인체의 구조와 기능, 운동 시 신체 반응 원리 이해 (예: '해부학' 또는 '운동생리학' 교과서)
- 영양학 및 대사학: 음식물의 소화, 흡수, 대사 과정 이해, 맞춤 식단 구성 (예: '스포츠 영양학' 또는 '임상 영양학' 전문 서적)
- 재활 및 교정 운동학: 통증 원인 파악, 자세 개선 및 운동 처방 능력 강화 (예: '기능 해부학' 또는 '근육 불균형 평가 및 치료' 서적)
- 스포츠 심리학 및 멘탈 관리: 고객 심리 이해, 동기부여 및 스트레스 코칭 (예: '스포츠 심리학' 또는 '긍정 심리학' 관련 서적)
- 시사 및 교양 (경제, 정치, 국제 정세): VVIP와 소통을 위한 폭넓은 시야, 세상 흐름 이해 (예: 경제신문, 시사 주간지, 리더십/인문 교양서적)

그 외, 신문과 건강 잡지도 도움을 주었다.

 **체력 경영**

무너지면 모든 것이 끝

[흔들림 없는 체력] 최고를 만든다

"몸이 무너지면 모든 것이 무너진다."

K 회장님이 내게 처음 건넨 말 중 하나였다. 당시 그저 그런 격언처럼 들었지만 오랜 시간 그를 곁에서 지켜보며 이 말의 진정한 의미를 깨닫게 되었다. K 회장님은 '운이 좋아서' 성공한 것이 아니었다. 강한 정신력? 뛰어난 두뇌? 물론 중요한 요소다. 그보다 더 중요한 것은 '흔들림 없는 체력'이었다.

"해준 트레이너, 나이가 들수록 몸 관리가 더 중요해져. 젊었을 땐 몸이 마음을 따라왔지만 이제는 마음만 앞설 뿐 몸이 따라와 주지 않거든."

K 회장님은 지난 10년간 단 한 번도 건강 검진에서 큰 문제가 발견된 적이 없다고 했다. 장년의 나이에도 젊은 사람 못지않은 체력을 유지하고 있었다. 따로 숨은 비결 같은 게 있냐고 물었더니 그는 웃으며 말했다.

"비결은 없어. 그저 흔들리지 않는 규칙적인 생활과 절제된 습관뿐이지."

그의 말은 단순했지만 그 속에 담긴 꾸준함의 무게는 절대 가볍지 않았다. 리더는 매일 수십 가지 결정을 내린다. 끊임없이 움직이고 숨 가쁜 일정을 소화한다. 그런데도 지치지 않는다. 오히려 나보다 더 적게 자고 더 많은 일을 하면서도 생기가 넘친다. K 회장님도 마찬가지였다. 왜일까? 그는 몸이 무너지면 모든 것이 끝난다는 냉혹한 진실을 알고 있었기 때문이다.

[K 회장님의 하루] 자기관리의 끝판왕

K 회장님과 함께한 수많은 출장에서 나는 그의 일상을 가까이에서 지켜볼 수 있었다. 하루의 흐름은 놀라울 정도로 체계적이고 흔들림이 없었다. 지난여름, 몇 년 만에 많은 비가 내린 날이었다. 새벽 6시 30분, K 회장님 자택으로 향했다. 도로 상황이 좋지 않아 조금 늦을까 걱정했지만 다행히 제시간에 도착했고 K 회장님은 이미 비 내리는 정원에서 스트레칭을 하고 있었다.

"아침이 이렇게 고요하고 아름다운데 놓칠 수 없지 않나."

미소를 지으며 말하는 K 회장님의 얼굴에는 피곤함이라곤 찾아볼 수 없었다. 그의 하루는 이렇게 시작되었다.

- 아침 일찍 기상: 매일 거의 같은 시간에 일어났다. 휴가 중에도, 주말에도 변함없었다.
- 공복 운동: 유산소 또는 근력 운동 30·50분. 컨디션에 따라 강도만 조절했다.
- 체중과 신체 지표 체크: 매일 같은 시간에 체중과 맥박을 측정하고 기록. 출장 중에도 예외 없음.
- 건강한 아침 식사: 단백질, 통곡물, 신선한 과일로 구성된 균형 잡힌 식사. 커피는 하루 두 잔으로 제한했다.

이 루틴은 어떤 상황에서도 지켜졌다. 출장 중에도 K 회장님은 호텔 피트니스 센터에서 아침 운동을 했다. 한번은 피곤하지 않냐고 물었더니, 이런 말을 남겼다.

"운동을 안 하면 하루 종일 내 컨디션이 망가져. 몸이 망가지면 내 집중력도 무너지고 결국 하루가 흔들려. 운동은 '해야 하는 일'이 아니라 내 일을 위한 필수 조건이야."

그에게 운동은 단순한 건강 관리가 아니었다. 그것은 리더로서의 책임감이자 생존 전략이었다. '운동'이 아니라 '체력 경영'이었다. 사람들은 흔히 성공한 리더들이 강한 정신력으로 버틴다고 생각한다. 하지만 K 회장님이 보여준 성공 비결은 체력이었다.

[정신력 이전에 체력이다] 위기 속 리더의 마지막 보루

나는 확실히 알고 있다. 정신력을 떠받치는 진짜 힘은 체력이다. 언젠가 K 회장님은 연일 밤늦게까지 회의하고 해외 파트너들과 미팅을 이어갔다. 일주일 동안 하루 평균 4~5시간밖에 자지 못했다. 어느 날 아침 그의 컨디션이 걱정되어 물었다.

"회장님, 오늘은 운동을 쉬시는 게 어떨까요?"

그는 단호하게 고개를 저었다.

"지금 같은 순간에 더욱 운동이 필요해. 내 몸이 지치면 판단력이 흐려지고, 흐려진 판단력은 수천억의 손실로 이어질 수 있어."

실제로 그는 일주일간의 고강도 업무 기간에도 아침 운동만큼은 한 번도 거르지 않았다. 그리고 놀랍게도 마지막 계약 날까지 예리한 판단력과 협상력을 유지했다. 그의 모습은 증명하고 있었다. 하루 5시간의 수면을 버텨낸 끈기, 위기 속에서도 흔들리지 않는 침착함, 마지막 서명의 순간에 발휘된 집중력… 그 모든 것은 결국 '체력'이라는 단단한 반석 위에서 가능했다.

'리더의 체력' 정신력, 판단력, 집중력이다

- 하루 5시간 수면으로도 버티는 힘 → 강인한 체력
- 위기 속에서 침착함을 유지하는 힘 → 지지치 않는 체력
- 결정의 순간 집중력을 유지하는 힘 → 결국 체력

정신력만으로는 오래 버틸 수 없다. 피로가 쌓이면 판단력이 흐려지고 감정이 날카로워진다. 회장님들은 그 사실을 누구보다 잘 알고 있었다. 그래서일까. 그들은 가장 바쁜 사람이면서도, 가장 규칙적인 생활을 하는 사람이기도 했다. 식사, 수면, 운동. 이 세 가지는 그 어떤 일정보다 먼저 고정된 항목이었다.

[리더의 경쟁력은 몸이다] 성공을 부르는 자기관리 습관

물론 우리가 회장님처럼 살 수는 없다. 모든 일정을 관리해 주는 비서도 없고, 최고의 식사가 제공되는 환경은 아닐 것이다. 하지만 그들의 철학은 우리 모두에게 적용할 수 있다.

- 운동을 업무로 생각하라 - 운동은 여가가 아니다. 하루의 컨디션과 생산성을 결정짓는 에너지 투자다. 피로하지 않기 위해, 더 오래 집중하기 위해 운동은 선택이 아닌 필수다.
- 컨디션 우선주의 - 식사 시간과 수면 패턴은 기본 중의 기본이다. 일정이 바쁘더라도 최소한의 리듬을 유지하려는 노력이 필요하다. 컨디션

이 무너지면 모든 게 무너진다.
- 나만의 아침 루틴을 만들어라 - 단 10분이라도 좋다. 스트레칭, 물 한 잔, 가벼운 명상이나 산책. 하루를 내 방식으로 시작하는 것만으로도 흐름이 달라진다.

가령 이렇게 시작해 보자. 아침에 일어나자마자 물 한 잔을 마신다. 몸을 천천히 풀어주는 5분 스트레칭으로 긴장을 푼다. "나는 할 수 있다", "나는 오늘도 성장한다" 같은 긍정 확언을 세 번 말해본다. 그리고 오늘 해야 할 중요한 일 세 가지를 떠올려보자. 이 단순한 루틴이 하루를 이끄는 방향을 바꾸고 결국 인생 전체의 질을 바꾸게 된다. 작은 습관은 큰 성과를 만들어내는 법이다.

[그가 내게 가르쳐준 것] 체력이 모든 것을 지탱한다

K 회장님을 관리하며 나는 깊은 인상을 받았다. 리더의 진정한 경쟁력은 지식이나 경험만이 아니라 그것들을 지탱해 주는 건강한 몸이라는 것이었다. 그는 늘 이런 말을 했다.

"몸이 무너지면 회사도 무너진다."

트레이너로서 많은 CEO를 만나봤지만 K 회장님의 체력 관리에 대한 헌신은 특별했다. 그는 내가 제안한 운동 프로그램을 그저 따르는 것이 아니라 자신의 철학으로 승화시킨 사람이었다. 내가 알려준 운동법을 일상에 완벽하게 통합시켰고, 때로는 나보다 더 철저하게 지켰다. K 회장님은 종종 자신보다 젊은 임원들이 건강을 소홀히 하는 것을 볼 때마다 안타까워했다.

"젊을 때 건강에 투자하지 않으면 나이 들어 재산을 건강에 투자하게 된다."

이 말을 들을 때마다 항상 공감했다. 실제로 그룹 내 임원 중에는 건강 문제로 회사에 나오지 못하는 경우가 종종 있었고, 그때마다 K 회장님은 안타까운 표정을 지었다. 그는 결코 그들의 열정을 탓하지 않았지만, 항상 강조했다.

"장기전에서 이기려면, 체력이 필수다."

요즘도 나는 피트니스 센터에서 지친 기색이 역력한 젊은 임원들을 볼 때면 문득 K 회장님을 떠올린다. 비 내리는 정원에서 고요히 스트레칭하던 그의 뒷모습을, 수천억의 계약을 앞두고도 묵묵히 러닝머신 위를 달리던 그의 끈기를. 그가 내게 가르쳐준 것은 단순한 CEO의 일상이 아니었다. 그것은 한 사람이 제국을 지탱하는 가장 본질적인 힘, 바로 '체력의 철학'이었다. 그리고 그 철학은 이제 내 삶의 가장 중요한 지침이 되었다. 왜냐하면, 내 제국은 곧 내 가정이기 때문이다.

'당신만의 아침 루틴' 체크리스트

√ 물 한 잔 마시기
√ 5분 스트레칭
√ 긍정 확언 3가지 외치기
√ 오늘 할 일 3가지 정리하기

제3부

재벌 홈트의 탄생과 초간단 운동법

0.001%의 루틴을 내 공간에서

 **회장님 홈트 비화**

'제로 트레이닝'의 탄생

[1평 공간, 도구 제로] 비서실장의 불가능한 미션

운동 도구 없이, 좁은 공간에서, 단 30분 만에 최고의 효과를 낼 수 있을까? 이론적으로는 가능하다. 하지만 실제로 그걸 만들어내는 건 또 다른 문제였다. 홈트레이닝 프로그램을 짜는 건 어렵지 않다. 트레이너라면 누구나 맨몸 운동 루틴 정도는 쉽게 설계할 수 있다. 문제는 1평짜리 공간, 매트조차 없는 빈 공간에서 전신 근력, 유산소, 스트레칭, 통증, 강력한 다이어트 효과까지. 이 모든 걸 충족시켜야 한다는 데 있었다.

이건 단순히 어려운 문제가 아니었다. 기존의 운동 방식을 완전히 뒤집어야 하는 상황이었다. 솔직히 처음엔 나도 가능할지 확신이 없었다. 하지만 한 가지는 분명했다. 이걸 해낸다면 기존에 없던 새로운 운동 방식이 탄생할 것이다. 그렇게 '제로 트레이닝'이라는 미션이 내게 정면으로 다가왔다.

그날, 비서실장이 조용히 나를 불렀다. 그리고 뜻밖의 부탁을 하셨다.

"회장님께서 혼자서도 운동할 수 있도록 맨몸 트레이닝을 만들어주세요."

운동 프로그램을 만드는 것은 내 전문 분야였다. 하지만 이어지는 조건을 듣는 순간 머릿속이 복잡해졌다. 마치 풀 수 없는 수수께끼를 받은 기분이었다.

조건 사항

- 좁은 공간에서 혼자서 해야 한다. (1평, 거의 제자리 수준)
- 운동 도구를 일절 사용하지 않는다. (맨몸 운동만)
- 혼자서도 쉽게 따라 할 수 있어야 한다. (누구의 도움도 없이)
- 지루하면 안 된다. (운동 루틴이 단순하면 오래 지속하기 어렵다.)
- 전자기기 사용 금지. (TV, 스마트폰, PC 없이 진행)

나는 다시 여쭤보았다.
"그 공간에는 어떤 물건이 있나요?"
"정말 아무것도 없습니다."

그 말을 듣고 직접 공간을 살펴봤다. 책 여러 권, 수건 서너 장, 양말 한 켤레 등 정말 별거 없었다. 좁은 서재, 원룸 같아 보이는 공간에서 책, 수건, 양말만으로 운동을 만든다고? 더군다나 회장님이 직접 해보실 운동이다. 대충 짜서 올렸다간 실망하실 게 분명했다. 이건 거의 '없는 재료로 요리를 만들어보라'라는 이야기나 다름없었다. 나는 속으로 생각했다.
'이거, 현실적으로 가능한 거 맞아? 어쩌면 이건 나에 대한 시험일지도 몰라.'

[3일간의 절망] '없음'에서 '있음'을 창조하다

그날 저녁부터 나는 미친 듯이 아이디어를 찾아 헤맸다. 수건으로 무얼

할 수 있을까? 책은? 양말은? 집 안의 책을 쌓아 올리고, 수건을 당겨보고, 양말을 신고 마룻바닥을 미끄러져 봤다. 그러나 10번 중 9번은 실패였다. 밤이 깊어져 갔지만 답은 보이지 않았다. 시간은 야속하게 흘러갔고 내 마음은 점점 더 타들어 갔다. 이 미션을 처음부터 거절해야 했나? 답 없는 퍼즐을 붙잡고 잠 못 이루는 밤들이 이어졌다.

- 책을 덤벨처럼 써볼까? → 너무 가벼워서 무게감이 없음. 잡기도 불편함
- 양말을 이용해 미끄러지면서 운동할까? → 균형 잡기가 어려움. 부상 위험도 있음
- 좁은 공간에서 점프 동작을 추가할까? → 바닥이 울려서 무조건 제외. 발목과 무릎이 좋지 않은 회장님에게 부적합

나는 유튜브에서 홈트레이닝 영상을 모두 찾아봤다. 하지만 모두 덤벨, 밴드, 매트 같은 도구를 사용했다.
 '전자기기도 없는데 유튜브 링크를 줄 수도 없잖아!'
 답답함에 가슴을 쳤다. 며칠 밤낮을 고민했지만 제대로 된 운동 루틴 하나도 만들어내지 못했다. 좁은 공간에서 도구나 아무런 도움 없이 운동한다는 것은 마치 산에서 혼자 사는 도인이나 정신 수련이 필요한 사람에게나 딱 어울리는 상황이었다. 더군다나 인터넷 시청이 가능하면 링크를 걸어 따라 하시라고 하면 될 문제인데 그것도 불가했다.
 서점에서 파는 홈트 책들도 여러 조건이 안 맞아 애초 나에게 말씀하신 것 같았다. 오직 내가 만들어 드리는 자료만으로 조용한 공간에서 수양하실 생각이었던 것 같다. 누구보다 회장님 몸을 잘 알고 있으니, 상황에 맞게 커스텀하라는 생각이 아니었을까? 시간은 점점 흐르고 초조해졌다. 그뿐만 아

니라 뭉친 근육 통증은 또 어떻게 해결해 드려야 할지 고민이었다. 근력, 유산소, 체지방, 통증… 산 넘어서 산이었다. 출구가 보이지 않는 미로에 갇힌 기분이었다.

['양말 마사지볼'의 탄생] 근육을 위한 맞춤 도구

책과 수건을 이용해 폼롤러를 만드는 건 어렵지 않았다. 특히 가장 어려웠던 건 양말을 마사지볼처럼 만드는 것이었다. 단단한 볼이 없으면 움직임 없이 근육을 제대로 풀 수 없었다. 회장님은 늘 통증 유발점(트리거 포인트)이 있었기 때문에 이 부분을 배제할 수 없었다. 혼자 푸셔야 하는데 쉽게 할 수 있어야만 했다. 그렇지 않으면 하지 않으실 게 뻔히 보였다. 그래서 나는 양말 안에 수건을 말아 넣어 돌처럼 단단하게 뭉치려 했다. 하지만 아무리 꽉 묶어도 절대 마사지볼처럼 단단해지지 않았다. 계속해서 손으로 모양을 만들었다. 손바닥에 땀이 배었고 손가락이 아파오기 시작했다.

그런데도 포기할 수 없었다. 하루, 이틀, 사흘… 성격 급한 나는 깊은 한숨이 나왔다. 일주일이 지나자 손끝이 욱신거리고 따끔한 통증이 올라왔다. 하지만 멈출 수 없었다. 양말을 마사지볼처럼 단단하게 만들지 못하면 이 운동 프로그램은 미완성이었다. 그날 밤, 너무 짜증이 나서 양말 뭉치를 벽에 던져버렸다.

"씨… 이딴 게 무슨 마사지볼이야! 포기해, 그냥!"

분노가 치밀어 올랐다. 해결 방법이 떠오르지 않아 답답한 마음에 아파트 공원으로 나갔다. 차라리 삽질을 하고 말지… 주변을 몇 바퀴씩 맴돌며 머리를 식혔다. 때론 너무 예민해져서 불면증에 시달리기도 했다.

그러다 어느 순간.

"잠깐, 이렇게 하면…"

한 가지 아이디어가 섬광처럼 떠올랐다. 다시 방으로 달려와 양말과 수건을 꺼냈다. 수건을 특정한 방식으로 접고, 꼬고, 다시 양말 안에 넣었다. 그리고 양말의 끝을 강하게 비틀어 고정했다.

"이게… 된다!"

손바닥 크기의 작고 단단한 공이 완성됐다. 이걸로 어깨를 눌러보니, 마치 진짜 마사지볼처럼 정확한 압력이 느껴졌다. 마침내 단단한 공처럼 만들어지는 방법을 찾아냈다. 안도의 한숨을 돌리며 손을 바라봤다. 손끝은 부어올랐고 엄지손톱 밑은 벌어져 있었지만 가슴은 후련했다. 마치 오랜 가뭄 끝에 단비를 만난 기분이었다.

▲ 양말 마사지볼(좌) 실제 마사지볼(우)

▲ 양말 마사지볼 실전 테스트

▲ 폼룰러 -책과 수건을 이용해 만든 실제 폼룰러

시행착오 끝에 탄생한 혁신적인 운동

'이런 비슷한 사례가 있었던가? 괜히 어설프게 했다가 이미지만 실추되는 게 아닐까?' 하는 의구심이 들어 걱정되기도 했지만 제대로 기획해서 인정받고 싶었다.

"이건 해결할 수 없는 문제일까? 아니면 내가 방법을 못 찾고 있을 뿐일까?"

결국 나는 문제를 정면으로 마주하기로 했다. 도구가 없으면 도구를 만들면 된다. 무(無)에서 유(有)를 창조하고 다시 유(체지방)에서 무(체지방)를 없애는 방법.

해결 과제 - 수건, 책, 양말의 새로운 활용법

- **수건**: 미끄러짐을 이용한 '슬라이딩 운동', 다양한 동작의 보조기구 (예: 바닥에 수건을 깔고 다리를 좌우로 미끄러뜨리며 플랭크 자세에서 동적 움직임 만들기)
- **책**: 균형 감각을 잡는 '스텝업 도구', 임시 덤벨 (예: 여러 권의 책을 쌓아 안정적인 스텝 박스 만들기, 한 손에 한 권씩 들고 상체 운동하기)
- **양말**: 마찰력을 이용한 하체 운동, DIY 마사지볼 제작 (예: 단단히 만든 양말 마사지볼로 등, 어깨, 허벅지의 통증 유발점 풀기)

- **수건+책**: 폼롤러 & 덤벨 대체 (예: 수건으로 말아 감싼 책을 이용해 등 근육 마사지하기)
- **신체 부위 자체**: 중량 기구처럼 활용 (예: 자신의 팔 무게를 이용한 어깨 운동, 다리 무게를 이용한 코어 강화)

"그래. 기구가 없다고 운동을 못하는 건 아니야."

그때부터 나는 '제로 트레이닝(Zero Training)'을 좀 더 창의적으로 설계하기 시작했다.

- "1평 공간에서, 기구 없이, 최대한의 운동 효과를 낼 수 있을까?"
  - 처음엔 불가능해 보였지만 결국 해냈다.
- "양말을 마사지볼처럼 만들 수 있을까?"
  - 손가락이 망가질 정도로 연습한 끝에 가능하다는 걸 증명했다.
- "운동은 헬스장에서만 가능하다?"
  - 아니다. 창의적인 접근만 있다면 어디서든 가능하다.

처음에는 모든 게 어렵게만 보였다. 하지만 결국 "방법이 없는 게 아니라 내가 찾지 못했을 뿐"이라는 걸 깨달았다. 이것이 바로 '제로 트레이닝'의 시작이었다.

▲ 다리를 이용한 타올 덤벨 컬, 책 덤벨 컬, 원암 책 덤벨 로우, 스파이더 푸쉬업 등 제로 트레이닝 동작 실제 보고서 사진

[회장님의 반응] 안 되는 걸 가능하게 만든 사고방식

완성된 프로그램을 비서실장에게 보고하던 날 나는 긴장했다.

"이게 받아들여질까?"

비서실장이 조용히 자료를 살폈다. 표정을 읽을 수 없었다. 1초, 2초, 3초… 침묵…

'이거… 역시 부족한가?'

그러나, 비서실장은 다시 한 장을 넘기며 고개를 끄덕였다.

"그런데 이거, 꽤 기발한데? 회장님께서도 좋아하실 겁니다."

나는 속으로 안도의 한숨을 내쉬었다. 가슴을 짓누르던 무거운 돌덩이가 사라지는 기분이었다.

'정말 해결할 수 없는 문제는 없구나. 방법을 찾지 못했을 뿐이지.'

그 후 회장님도 해당 프로그램에 만족하셨다.

대부분의 사람은 "안 되는 이유"를 찾는다. 하지만 성공한 사람들은 "될 수밖에 없는 이유"를 찾는다. 회장님을 위한 '난제의 요구'는 결국 새로운 방법을 만들어내는 계기가 되었다. 누구나 벽에 부딪히는 순간이 있다. 아무리 해도 답이 보이지 않는 문제, 노력해도 달라지지 않는 현실, 결국 포기하고 싶어지는 순간. 하지만 돌이켜보면 그런 순간이 지나고 나서야 새로운 길이 열렸던 적이 많지 않았던가? 지금 당신이 마주한 문제도, 정말 해결할 수 없는 걸까? 아니면 지금 더 시도해 보면 새로운 방법이 보일지도 모른다.

우리는 흔히 "방법이 없다."라고 단정 짓지만 사실 익숙한 방식 속에서만 답을 찾고 있는 것일지도 모른다.

- 문제가 풀리지 않는다면, 문제를 바라보는 시각을 바꿔라.
- 기존의 방식만 정답이라고 생각하지 마라.

- 새로운 해결책은 기존의 틀을 깨는 순간 등장한다.

 창의적인 사고와 해결책을 보는 관점이 때로는 우리에게 필요하다. 우리는 종종 '좋은 환경'이 갖춰졌을 때 시작하려 한다. 하지만 그런 완벽한 날은 오지 않는다. 당신이 지금 읽고 있는 이 순간, 그 자리에서 시작하는 것이 가장 완벽한 시작이다.

한계는 없다

창의적 해결로 만든 새로운 몸

[몸이 보내는 난제] 재벌들의 특별한 요구를 풀다

나는 트레이너로서 수많은 몸과 마주했다. 나이, 체질, 생활 습관까지 모든 조건이 다른 사람들. 그리고 가장 예측 불가능했던 이들은 바로 재벌 회장님들이었다. 그들의 몸은 단순한 육체가 아니었다. 기업의 운명이 걸린 '핵심 자산'이었고, 그만큼 까다롭고 특별한 요구가 따랐다.

이 요구는 단순히 '살을 빼달라'는 것이 아니었다. 그들은 시간, 공간, 그리고 정신적 스트레스라는 현실적인 제약 속에서 '최상의 컨디션'을 원했다. 예를 들어, 한 회장님은 "매일 새벽까지 이어지는 해외 화상 회의로 만성 피로에 시달리지만, 다음 날 오전 중요한 이사회에서 흐트러짐 없는 집중력을 유지해야 한다."라고 말했다. 또 다른 회장님은 "극심한 스트레스로 인한 소화 불량과 불면증 때문에 중요한 협상 자리에서 제 기량을 발휘하기 어렵다."라고 호소했다. 그들에게 몸은 쉬는 대상이 아니라 성과를 내는 '도구'이자 '전략'이었다.

나는 그들의 요구를 들을 때마다 생각했다.

'과연 이 난제를 해결할 수 있을까? 몸은 정직하다지만, 환경과 상황이 매번 변하는데…'

때로는 불가능한 문제처럼 느껴지기도 했다. 하지만 그럴 때마다 스스로에게 같은 질문을 던졌다.

'여기까지가 내 능력일까? 아니면 내가 방법을 못 찾는 걸까?'

이 물음은 나를 끊임없이 새로운 해결책으로 이끌었다.

[문제 해결 노하우] '안 되는 이유' 대신 '될 수밖에 없는 방법'

불가능해 보이는 재벌들의 요구를 해결하며 나는 나만의 문제 해결 노하우를 체득했다. 핵심은 '안 되는 이유'를 찾는 대신 '될 수밖에 없는 방법'을 찾는 것이었다. 가장 먼저, 문제를 '재정의'하는 훈련을 했다. 예를 들어 "만성 피로 속에서도 최상의 집중력을 유지해야 한다."라는 요청이 들어오면, "어떻게 피로를 없앨까?"가 아니라 "어떻게 하면 피로한 몸 상태에서도 뇌와 몸의 효율을 극대화할 수 있을까?"라고 질문을 바꿨다. 그리고 다음과 같은 현실적인 해결책을 모색했다.

- '틈새 운동'의 극대화: 회의 전 5분, 이동 중 10분 등 자투리 시간을 활용한 스트레칭과 가벼운 맨몸 운동으로 혈액순환을 촉진하고 뇌에 산소를 공급했다.
- 전략적 수분 섭취와 미니 휴식: 커피 대신 물을 충분히 마시고 1~2시간마다 5분씩 눈을 감고 심호흡하는 '마이크로 휴식'으로 뇌의 피로도를 낮췄다. 마이크로 휴식이란 짧고 자주 취하는 미니 휴식을 말하며, 장시간 앉아 있을 때 신체 피로와 집중 저하를 예방한다.
- '에너지 부스팅'을 위한 간편 식단: 바쁜 일정 속에서도 견과류, 과일, 단백질 셰이크 등 소화가 빠르고 에너지를 즉각 공급하는 간편식을 챙기도록 했다.

처음에는 이런 시도들이 너무 사소해 보일지 몰랐다. 하지만 '결과'로 증명되자 나만의 독보적인 해결 노하우가 되었다.

또 다른 예로 '극심한 출장과 시차에도 흔들림 없는 집중력'을 요구받았을 때는 '어떻게 시차를 극복할까?'가 아니라 '깨진 리듬 속에서도 집중력을 최적의 상태로 유지하게 할까?'로 질문을 바꿨다.

- 가벼운 아침 러닝: 혈액순환을 촉진하고 뇌에 산소 공급을 늘려 각성도를 높였다.
- 전략적 카페인 섭취: 필요한 순간에만 소량의 카페인을 섭취하여 집중력을 끌어올렸다.
- 발, 종아리 지압: 발의 피로를 풀고 전신의 혈액순환을 개선하여 뇌 피로도를 낮췄다.

나는 이러한 문제 해결 방식을 통해 깨달았다. 우리가 불가능하다고 여기는 많은 것들이 사실은 '다른 질문'을 던지지 않았을 뿐이라는 것을. 중요한 것은 상황을 탓하는 대신, '어떻게 하면 이 상황에서 최적의 결과를 끌어낼 수 있을까?'에 집중하는 것이다. 이것은 재벌 회장님뿐만 아니라 바쁜 일상을 살아가는 우리 모두에게도 적용될 수 있는 원리다.

[당신의 몸은 '불가능'을 모른다] 삶을 변화시키는 질문의 힘

어떤 사람은 자신의 몸을 보며 이렇게 말한다.
"나는 원래 안 되는 몸이야."
"나이가 들어서, 체질 때문에, 바빠서…"
하지만 그럴 때마다 묻고 싶다. 정말 당신의 몸이 '불가능한' 걸까? 아니

면 당신이 아직 '다른 질문'을 던지지 않았을 뿐일까?

내가 재벌 회장님들의 난제를 해결하며 배운 가장 큰 교훈은 이것이다. 해결책은 항상 존재한다는 것. 그것은 익숙한 시선에서 벗어나 새로운 각도로 바라볼 때 비로소 그 해답이 보인다는 것이다.

- 문제가 풀리지 않는다면 문제를 바라보는 시각을 바꿔라.
- 기존의 방식만 정답이라고 생각하지 마라.
- 새로운 해결책은 기존의 틀을 깨는 순간 등장한다.

당신의 몸이 보내는 신호에 귀 기울이고, '원래 이런 거야'라는 단정을 멈추고 '꼭 이렇게 해야 할까?'라는 질문을 던져보자. 그 질문이 몸과 삶을 변화시키는 첫걸음이 될 것이다.

"몸은 우리가 생각하는 것보다 훨씬 더 큰 잠재력을 가지고 있다. 그 잠재력을 깨우는 열쇠는 바로 당신의 손에 있다."

 **실패에서 배우다**

건강을 망치는 3가지 함정

[건강엔 '안전한 실패'란 없다] 작은 실수가 가져올 치명적 결과

　우리는 살면서 수많은 실패를 경험한다. 사업 실패, 시험 실패, 관계의 실패. 하지만 실패는 값진 배움의 기회가 되기도 한다. 넘어져 봐야 일어나는 법을 안다는 말이 있듯이 실패를 통해 더 강해지고 현명해질 수 있다. 하지만 단 한 가지, 건강만큼은 이야기가 다르다. 건강에는 '안전한 실패'란 존재하지 않는다. 예를 들어 다이어트를 잘못 시도해 요요를 겪는 것은 단순히 체중이 돌아오는 문제가 아니다. 우리 몸의 대사 시스템을 교란하고 결국 다음 다이어트를 더 어렵게 만든다. 잘못된 운동 자세는 일시적인 통증을 넘어 만성적인 부상으로 이어질 수 있으며, 이는 평생의 고통이 될 수도 있다. 검증되지 않은 민간요법이나 극단적인 식단은 장기적으로 심각한 영양 불균형이나 장기 손상까지 초래할 수 있다.

　건강에서의 실패는 단순히 '경험'으로만 남지 않는다. 때로는 되돌릴 수 없는 신체적 손상이나 삶의 질을 현저히 떨어뜨리는 치명적인 결과로 이어진다. '한 번쯤 괜찮겠지'라는 안일한 생각이나 '남들도 다 이렇게 하니까'라는 막연한 추종이 돌이킬 수 없는 후회를 가져올 수 있다. 나는 VVIP 고객들의 건강을 관리하며 이 사실을 자주 마주했다. 그들은 사소한 건강 문제도 크게 여기며 철저히 관리했다. 건강의 위기는 곧 모든 것을 잃을 수 있는 '절대 실패'였기 때문이다. 우리 또한 그들처럼 건강에 있어서만은 '안전한 실패'라는 환상을 버려야 한다.

[몸을 망치는 3가지 습관] 반드시 피해야 할 함정

그렇다면, 건강을 위해 우리가 절대 실패하지 않기 위해 무엇을 알아야 할까? 바로 '피해야 할 것'을 아는 것이다. 많은 사람들이 건강해지기 위해 '무엇을 해야 할지'에만 집중하지만, 나는 트레이너로서 '무엇을 하지 말아야 할지'를 아는 것이 훨씬 더 중요하다고 생각한다. 잘못된 운동법과 식습관은 당신의 건강을 서서히, 그리고 은밀하게 망가뜨리는 치명적인 함정이다.

1. 과도한 고강도 운동 vs. 무리한 운동의 함정
- **잘못된 접근**: '운동은 무조건 힘들게 해야 효과가 좋다'는 생각으로 자신의 체력 수준을 넘어선 고강도 운동을 매일 반복하는 것.
- **결과**: 근육과 관절에 과부하가 걸려 만성적인 통증, 염증, 심하면 파열까지 이어질 수 있다. 운동에 대한 흥미를 잃고 번아웃이 오기 쉽다.
- **피해야 할 이유**: 몸을 지키려다 오히려 몸을 망가뜨리고 장기적인 운동 습관 형성을 방해한다.

2. 원 푸드 다이어트 vs. 극단적 절식의 함정
- **잘못된 접근**: 특정 음식만 먹거나 극도로 식사량을 줄여 단기간에 체

중을 감량하려는 시도.
- **결과**: 영양 불균형으로 인한 탈모, 면역력 저하, 빈혈 등 심각한 건강 문제 발생. 요요 현상으로 원래 체중보다 더 쉽게 살이 찌는 체질로 변한다.
- **피해야 할 이유**: 몸의 근본적인 대사 시스템을 파괴하고 정신적 스트레스를 유발하여 건강한 식습관을 정착시키기 어렵게 만든다.

3. 잘못된 자세와 반복 vs. 몸의 신호를 무시하는 습관
- **잘못된 접근**: 잘못된 자세로 운동을 반복하거나 통증을 참고 무리하게 운동을 계속하는 것.
- **결과**: 특정 부위에만 과도한 부담이 쌓여 만성적인 근골격계 질환(허리 디스크, 어깨 통증 등)으로 발전한다.
- **피해야 할 이유**: 작은 통증을 무시하면 큰 부상으로 이어질 수 있으며, 결국 운동 자체를 포기하게 만들 수 있다.

▲ 잘못된 운동 자세

▲ 잘못된 식습관

나는 수많은 클라이언트를 만나며 이러한 '실패 사례'들을 직접 목격했다. 그들은 대부분 더 빨리 좋아지고 싶다는 조급함과 '남들이 하니까'라는 무분별한 따라 하기가 원인이었다. 중요한 것은 '얼마나 빨리'가 아니라 '얼마나 안전하게, 얼마나 지속 가능하게' 건강을 관리하느냐이다.

[실패 사례에서 배우는 건강법] 몸을 지키는 지혜

건강 관리의 핵심은 '실패로부터 배우는 것'이다. 나의 경험과 수많은 클라이언트의 사례를 통해 얻은 '안전한 건강 관리법'을 공유한다.

- 몸의 소리에 귀 기울여라: 통증은 몸이 보내는 가장 확실한 경고 신호다. 작은 불편함이라도 무시하지 말고 전문가의 도움을 받거나 휴식을 취해야 한다. '참고 하는 운동'은 독이 될 수 있다.

- 기본에 충실하라: 화려한 최신 운동법이나 극단적인 다이어트보다 균형 잡힌 식단, 규칙적인 운동, 충분한 수면이라는 기본 원칙을 꾸준히 지키는 것이 가장 강력하다.
- 전문가의 도움을 받아라: 특히 운동 초보이거나 특정 건강 문제가 있다면 검증된 트레이너나 의사, 영양사 등 전문가의 조언을 구하는 것이 실패 확률을 줄이는 가장 확실한 방법이다.
- '선택'과 '균형'의 관점으로 접근하라: 다이어트를 '제한'이 아닌 '내 몸에 좋은 것을 선택'하는 과정으로 인식하고, 운동과 식단, 휴식의 균형을 찾아야 지속 가능하다.
- 작은 성공을 축하하고 기록하라: 큰 목표 달성까지 지루하지 않도록 매일의 작은 변화와 성취를 스스로 인정하고 기록하며 동기부여를 유지해야 한다.

당신의 몸은 당신의 가장 중요한 프로젝트다. 이 프로젝트에서 '실패'는 치명적일 수 있다. 그러니 안전한 실패는 없다는 사실을 인지하고 타인의 실수에서 배우며 자신만의 건강 전략을 철저히 구축해야 한다. 오늘 당신이 마주한 건강 문제는 무엇인가? 그 문제 앞에서 '괜찮겠지'라는 안일한 생각 대신 '어떻게 하면 실패 없이 안전하게 목표를 이룰까?'라는 질문을 던져보자. 그 질문이 당신의 몸을 지키는 가장 현명한 첫걸음이 될 것이다.

이제 나에겐 또 다른 도전이 기다리고 있었다. 오랜 시간 회장님을 모시며 개인 맞춤 트레이닝을 연구했던 나는 새로운 환경에서 완전히 다른 과제에 직면했다. 이번에는 단 한 명이 아닌 수백 명 구성원의 건강을 책임져야 하는 상황이었다. 그런데 새로운 회사에는 헬스장이 없었다. 직원들의 건강을 관리해야 한다는 필요성은 있었지만 기존의 방식으로는 실행이 어려운 환경이었다. 처음에는 막막했다. "또 난제가 왔다."라는 생각이 머릿속을 지배했다.

  하지만 문득 실패에서 배우고 기회를 만드는 것이라는 나의 철학이 떠올랐다. 문제는 환경이 아니라 해결하려는 의지와 접근 방식의 차이였다. 나는 이미 시간과 공간의 제약 속에서 효과적인 솔루션을 만들어 본 사람이다. 회장님을 위해 설계한 프로그램을 기업 환경에 맞게 변형한다면 분명 가능할 거라 확신이 들었다. 고민 끝에, 기존 자료들을 바탕으로, 더 많은 사람에게 적용이 가능한 헬스케어 시스템을 개발하기 시작했다. 그렇게, 회장님을 위한 솔루션은 이제 더 많은 사람들의 건강을 책임지는 시스템으로 확장되고 있었다. 나의 작은 경험이 더 큰 가능성으로 이어지는 순간이었다.

Stepping Stone

8

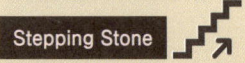

통증 유발점 '트리거 포인트' 해결 가이드

"트리거 포인트(trigger point)"란 특정 부위가 과도하게 긴장하거나 압박받아서 발생하는 근육의 "뭉침"을 말한다. 일반적으로는 근육 내의 작은 부위가 단단하게 굳어지거나 찌릿한 통증을 유발하는 현상으로 나타난다. 특히 승모근, 어깨, 허리에 많다.

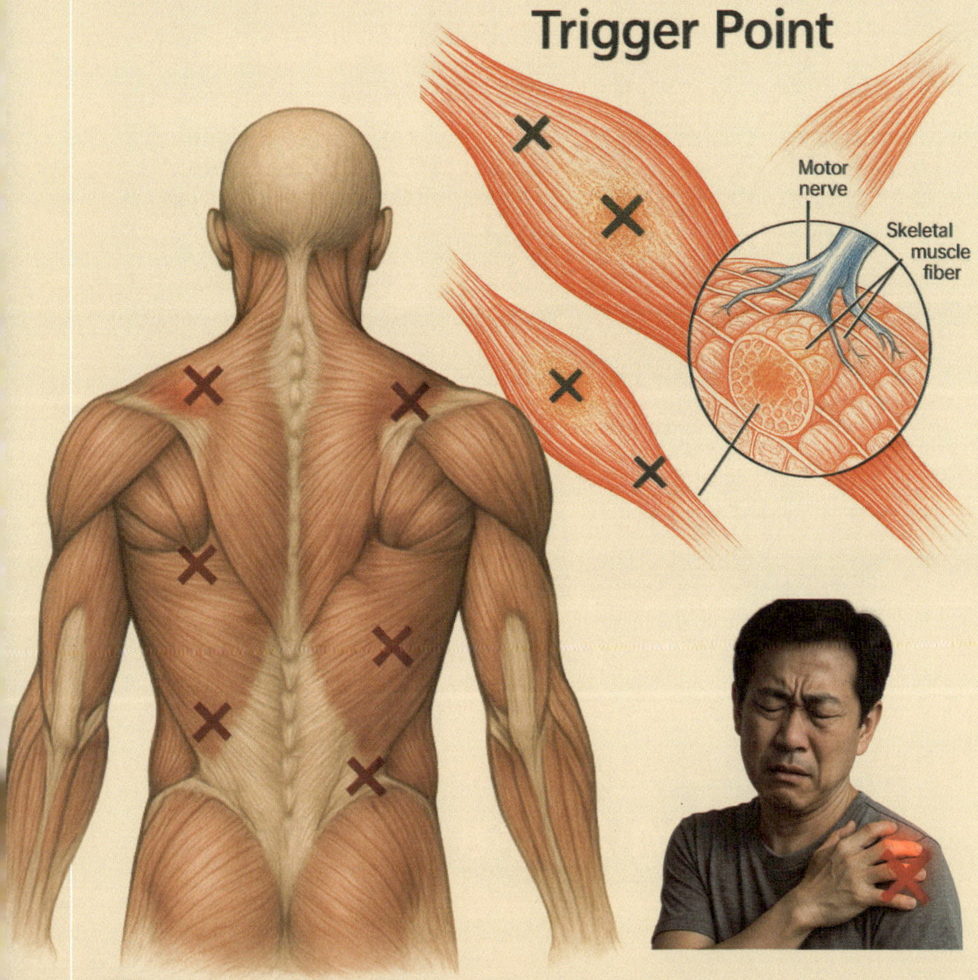

폼롤러 & 마사지볼 활용

- 폼롤러: 넓은 근육(허벅지, 등, 종아리)을 부드럽게 풀어줌.
- 마사지볼(테니스공, 라크로스공 등): 더 깊고 세밀한 압박이 가능.

방법

- 통증이 있는 부위에 마사지볼이나 폼롤러를 놓고 서서히 체중을 실어 압박.
- 통증이 느껴지는 지점에서 30~60초간 유지.
- 압박 후에는 가볍게 움직이면서 혈액순환을 촉진.
- (예시) 엉덩이(중둔근): 마사지볼을 엉덩이 아래에 두고 앉아 천천히 회전하며 압박
- (예시) 등(능형근): 폼롤러를 날개뼈 안쪽에 두고 천천히 굴리며 뭉침 완화
- (예시) 종아리(비복근): 다리 아래 폼롤러를 두고 상하로 천천히 굴리며 깊은 부위까지 풀어주기

※ 참고: 통증이 퍼지는 느낌이 있다면 제대로 된 트리거 포인트에 접근한 것
※ 주의: 너무 강한 압박은 근육을 더 긴장하게 만들 수 있으니 적절한 강도로 조절해야 함

압박 후 반드시 할 것!

- 가볍게 스트레칭하기: 압박으로 풀린 근육이 굳지 않도록 부드럽게 늘려줘야 더 효과적이다.
- 수분 섭취: 근막 이완은 림프 순환을 자극하므로 해독 효과와 노폐물 배출을 돕기 위해 물을 충분히 마셔야 한다.
- 짧은 움직임 추가하기 : 가볍게 걷거나 팔, 다리를 흔드는 등 작은 움직임을 해주면 혈액순환이 유지되고 근육이 다시 뭉치는 것을 막아준다.

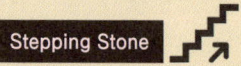

'제로 트레이닝'의 5가지 핵심 원칙

과학적 근거와 효과

운동의 본질은 단순하다. 최소한의 시간과 공간으로 최대한의 효과를 내는 것. 하지만 이를 실천하는 방법은 사람마다, 환경마다 다를 수밖에 없다. 헬스장 없이 1평 공간에서 아무런 도구 없이 강도 높은 운동이 가능할까? 가능하다. 핵심은 운동 강도를 유지하면서도, 몸의 모든 시스템을 효율적으로 활용하는 것이다.

1. 좁은 공간에서도 운동 강도를 유지할 것

(원리: 운동 강도 = 근육 사용량 × 심박수 × 지속 시간)

- 좁은 공간에서는 큰 움직임이 어렵지만 정적인 동작을 변형하여 더 많은 근육을 동시에 사용하면 운동 강도를 유지할 수 있다.
- 예시: 일반 푸쉬업 vs. 스파이더 푸쉬업
- 일반 푸쉬업 → 가슴, 삼두근, 코어 강화
- 스파이더 푸쉬업 → 푸쉬업 중 한쪽 무릎을 옆으로 당기며 상체에 부하 증가
- 효과: 복부·허벅지·둔근까지 사용 → 전신 근육 활성화 & 심박수 증가
- 요점: 작은 공간에서도 전신 근육을 적극적으로 동원하면서, 운동 강도를 유지할 수 있다. 한 동작 안에 더 많은 근육을 끌어들이는 게 관건이다.

2. 모든 근육을 고르게 단련할 것

(원리: 대근육 & 소근육 균형 자극 → 부상 예방 + 근력 강화)

- 좁은 공간에서 특정 부위만 반복해서 단련하면 근육 불균형이 생기고, 결국 통증과

부상으로 이어진다. 전신을 고르게 쓰는 운동 설계가 필요한 이유다.
- 전신 근육을 고르게 쓰는 3가지 방법
- 순환식 트레이닝(Circuit Training): 여러 부위를 연속적으로 자극해 전체 균형 자극
- 코어 중심 운동: 몸통을 중심으로 상체와 하체를 연결하며 중심 안정성 강화
- 리듬과 패턴 활용: 일정한 패턴으로 근육 피로를 분산시키고 지속인 자극 유도
- 요점: 한 부위에 집중하는 운동은 오래가지 못한다. 전신을 활용하는 프로그램이야 말로, 공간 제약 없이 효과를 극대화하는 열쇠다.

3. 단 30분 만에 2시간 효과를 낼 것 "타바타"

(원리: "EPOC(운동 후 산소 소비량) 극대화")

- 짧은 시간 안에 고강도 운동을 하면 운동이 끝난 뒤에도 칼로리 소모가 계속된다. 운동 시간보다 '운동 후 효과'를 더 길게 가져가는 전략이 필요하다.
- 30분 운동이 2시간 효과를 내는 3가지 방법
- 인터벌 트레이닝: 강한 운동과 짧은 휴식을 반복 → 심폐지구력 & 체지방 연소
- 복합 동작 조합: 여러 근육을 한 번에 사용 → 칼로리 소모량 극대화
- 짧고 강한 근력 운동: 중량 없이도 속도와 컨트롤을 조절해 근력 자극
- 요점: 중요한 건 시간보다 밀도다. 짧고 강하게 설계하면 운동 후에도 몸은 계속 일한다.

4. 운동이 지루하지 않고, 집중도를 유지할 것

(원리: "신경근 조절(NM Control)과 리듬 활용")

- 운동이 단조로우면 뇌가 자극을 덜 받는다. 그래서 지루해지면 집중도와 지속력이 떨어진다. 리듬과 패턴을 바꾸는 것만으로도 뇌는 다시 반응한다.
- 지루함을 방지하는 3가지 방법
- 운동 순서 랜덤화: 매번 루틴을 바꿔서 새 자극 부여

- 리듬 변화: 느림과 빠름을 교차해 뇌 자극 유도
- 게임 요소 추가: 반복 도전, 파트너와 경쟁 등으로 몰입도 상승
• 요점: 몸만 움직이는 게 아니고 뇌도 함께 움직여야 한다. 재미가 들어가야 운동이 습관이 된다. 집중력이 유지된다면 효과도 오래 간다.

5. 멀티 서킷 트레이닝으로 심폐기능과 체지방을 동시에 잡을 것

(원리: 혈액순환 + 근육 피로도 조절 → 지속적인 운동 가능)

• 멀티 서킷 트레이닝(Multi-Circuit Training)은 서로 다른 부위를 번갈아 자극하며 짧은 휴식으로 운동을 이어가는 방식이다. 피로 누적을 막으면서도 심박수를 유지해 지방 연소와 심폐기능 향상에 동시에 효과적이다.
• 멀티 서킷 운동이 효과적인 이유
- 근육 피로를 분산: 한 부위만 혹사되지 않음
- 심박수를 지속적으로 유지: 지방 연소 효과 극대화
- 유산소 & 무산소 운동 결합: 심폐 기능 향상 + 근력 강화
• 요점: 짧게, 강하게, 끊임없이. 이 구조만 지켜도 심폐기능은 좋아지고 체지방은 빠르게 줄어든다. 순환식 트레이닝은 작은 공간에서 큰 효과를 내는 핵심 전략이다.

'제로 트레이닝'은 단순한 홈트가 아니다

이 프로그램은 공간을 줄인 운동이 아니라 공간을 넘어선 퍼포먼스를 끌어내기 위해 설계된 시스템이다. 나는 이 트레이닝을 회장님의 체력 수준에 맞게 실험하고, 조정하고, 다시 실험했다. 초보자, 트레이너, 일반인 모두에게 적용하고 반응을 검증했다. 수십 번의 테스트 끝에, 좁은 공간에서도 고강도 효과를 만들어낼 방법이 완성됐다. 그게 바로 '제로 트레이닝'이다.

▲ 실제 보고서 캡처 - 제로 트레이닝 루틴 적용 후 일반인 다이어트 -20kg 성공 사례

회장님을 위한 운동

Health
Program Guide

트레이너의 3가지 제안

1. 좁은 공간에서 할 수 있는 운동 프로그램

Weight training	Self massage	운동 도구 만들기
• 가슴 • 등 • 어깨 • 팔 • 다리 • 복근	• 트리거포인트 • 볼 마사지 • 롤러 마사지 • 도구를 이용한 스트레칭 • 코어의 중요성	• 타올 덤벨 만들기 • 상의 덤벨 만들기 • 책 롤러 만들기 • 마사지 볼 만들기 • 모포로 쿠션 만들기

트레이너 순환운동 (30Miuntes Circuit Training) 방법 소개

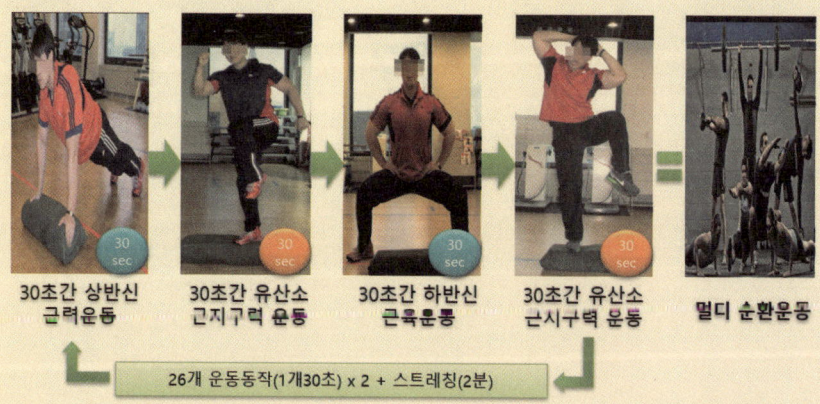

30초간 상반신 근력운동 → 30초간 유산소 근지구력 운동 → 30초간 하반신 근육운동 → 30초간 유산소 근시구력 운동 → 멀티 순환운동

26개 운동동작(1개30초) x 2 + 스트레칭(2분)

▲ 회장님께 보고된 리얼 보고서 일부분 캡쳐 - 100페이지 분량의 제로 트레이닝 보고서

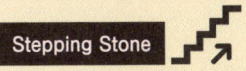

Stepping Stone 10

따라 하기 : 오늘부터 시작하는 '제로 트레이닝'

앞서 소개한 핵심 동작을 기반으로, 지금 바로 시작할 수 있는 간단한 루틴을 소개한다. 운동 경험이 없는 분들도 쉽게 따라 할 수 있는 입문 프로그램이다.

- 첫째, 짧은 시간으로 시작하자. 처음부터 30분 전체를 채우려고 하지 말자. 5분이라도 꾸준히 하는 것이 더 중요하다. 시간이 지나면 자연스럽게 운동 시간이 늘어날 것이다.
- 둘째, 무리하지 말자. 통증과 근육 피로감은 다르다. 적당한 근육 피로는 운동 효과의 신호지만, 날카로운 통증은 부상의 신호일 수 있다. 몸의 신호에 귀 기울이자.
- 셋째, 일상화하자. 특별한 시간을 따로 만들기보다는 일상에 자연스럽게 녹여내는 것이 비결이다. 아침 기상 후, 저녁 TV 보기 전 등 일상의 틈새 시간을 활용하라.

1. 수건을 이용한 복근 운동 - '수건 크런치'

▲ 수건을 머리 위로 잡고 크런치를 하는 모습]

- 방법
- 바닥에 누운 후, 무릎을 구부린다.
- 양손으로 수건을 머리 위로 길게 잡는다.

- 복근에 힘을 주며 상체를 들어 올린다.
- 천천히 원위치로 돌아온다.
- 15~20회 반복!또는 1분간 계속
- **효과**: 수건을 이용하면 상체가 흔들리지 않아 복근을 더 정확하게 자극 가능!
- 목과 허리에 부담을 줄여, 초보자도 쉽게 따라 할 수 있음.

2. 책을 이용한 전신 훈련 – '책 코어 스쿼트'

▲ 책 위에 손을 두고 플랭크 자세를 하는 모습

- **방법:**
- 책을 이용해 경사도를 만들어 준다.
- 플랭크 자세를 만들고 발을 책 위로 올린다. 엉덩이를 위로 올려주고 앞꿈치를 세운다.
- 무릎을 천천히 바닥까지 내리고 다시 올리면서 대퇴부를 강하게 수축시키며 호흡을 내쉰다.
  (초보자 20초간, 일반인 1분간, 상급자 2분간 계속 유지)
- **효과:** 하체와 코어를 동시에 할 수 있는 최고의 운동법
- 좁은 공간에서도 고강도 코어 운동 가능!

Stepping Stone

11

TODAY'S ACTION PLAN: '5분의 약속' 미니 트레이닝

- 5분 워밍업 - '수건 스트레칭'
- 방법: 수건 하나를 길게 잡고 머리 위로 들어 어깨 늘리기 / 좌우로 천천히 기울이며 옆구리 늘리기 / 등 뒤로 수건 넘겨 가슴 펴기
- 5분 코어 강화 - '플랭크 시리즈'
- 방법: 기본 플랭크 30초 유지 / 무릎 당기기 좌우 각 10초 / 30초 휴식 후 3세트 반복 (스쿼트, 푸쉬업, 마운틴 클라이머 등 요일별 변형 가능)
- 5분 마무리 - '셀프 마사지'
- 방법: 폼롤러 (또는 테니스공, 마사지볼)로 근육 압박 (30초~60초) / 통증 지점에서 20-30초 머물기 / 목, 어깨, 등 순서로 이동

TODAY'S ACTION PLAN:
'5분의 약속' 지금 바로 실천하기

"운동은 1시간의 결심이 아니라, 5분의 실천입니다."

Step 1: 어깨 열기 스트레칭
팔꿈치를 펴고 호흡을 내쉬며, 수건을 머리 위로 넘겼다가 다시 앞으로 가져옵니다.
- 15회 반복 (자연스러운 호흡 유지)

Step 2: 옆구리 늘리기 (2분)
가슴을 활짝 열며 수건을 아래로 당기고, 날개뼈를 서로 조이듯 가슴을 펴줍니다
- 왼쪽 10초 / 오른쪽 10초 X 3세트
- 허리를 꺾지 말고 옆으로 부드럽게 늘려주세요.

Step 3: 가슴 열기 스트레칭 (2분)
가슴을 활짝 열며 수건을 아래로 당기고, 날개뼈를 서로 조이듯 가슴을 펴줍니다
- 20초 유지 3회
- 허리를 꺾지 말고, 가슴 중심으로 열기

5분 코어 강화 - 플랭크 시리즈

방법:
기본 플랭크 30초 유지
무릎 당기기 좌우 각 10초
30초 휴식 후 3세트 반복
(스쿼트, 푸시업, 마운틴 클라이머 등 요일별 변형 가능)

5분 마무리 - 셀프 마사지

- 폼플러(또는 테니스공, 마사지볼)로 근육 압박(30초~60초)
- 통증 지점에서 20~30초 머물기
- 목, 어깨, 등 순서로 이동

※ 제로 트레이닝 핵심 용어

- **EPOC** (운동 후 초과 산소 소비량): 운동이 끝난 뒤에도 몸이 평소보다 더 많은 산소를 소비하며 칼로리를 계속 태우는 생리 반응. 고강도 운동일수록 이 효과가 크며, 운동 후에도 계속 살이 빠지는 원리의 핵심이다.
- **신경근 조절** (NM Control): 뇌와 신경이 근육을 효율적으로 제어하는 능력. 움직임의 정확도와 반응 속도, 운동 집중력과 연결된 중요한 개념이다.
- **순환식 트레이닝** (Circuit Training): 여러 가지 운동을 짧은 휴식과 함께 순서대로 반복하는 방식. 근력과 심폐 기능을 동시에 향상시키는 전신운동 구조
- **멀티 서킷 트레이닝** (Multi-Circuit Training): 다양한 순환식 트레이닝을 조합해 자극을 확장한 고효율 루틴. 지루함 없이 전신을 넓게 자극할 수 있는 방식

제4부

직장인의 건강 혁신 프로젝트

헬스장 없이도 건강하게

 기업 헬스케어 도전

재벌식 루틴을 회사로 옮기다

[개인을 넘어선 전략] 건강은 곧 경영이다

　회장님을 위한 맞춤 트레이닝으로 시작된 변화가 어느 순간 내 삶 전체를 바꿔놓고 있었다. 처음엔 그냥 그 한 분을 위한 일이었다. 시간이 없고, 늘 바쁘고, 건강은 뒷전으로 밀리는 회장님의 일상에서 "과연 주기적인 운동이 가능할까?" 하는 의문을 품은 채 시작했다. 하지만 시간이 지나면서 느꼈다. 이건 단순히 개인의 건강 문제를 넘어서 리더의 몸 상태가 조직 전체의 퍼포먼스에 영향을 주는 일이라는 걸. 건강은 곧 경영 전략의 일부였다. 나는 어느새 트레이너가 아닌 퍼포먼스를 설계하는 전략가가 되어 있었다. 보이지 않는 곳에서 기업의 핵심 동력을 강화하는 사람, 그것이 나의 새로운 정체성이었다. 무엇보다 내가 몸담은 회사의 경영 리더십은 이 사실을 누구보다 잘 이해하고 있었다. 직원이 건강해야 회사가 건강하고, 건강한 회사가 사회적 가치를 만든다는 믿음이 있었기에 이런 시도도 단순한 실험이 아니라 하나의 전략으로 받아들여졌다.
　구성원에게 필요한 건 "매일 운동하세요."라는 당연한 조언이 아니었다.

일정을 고려하고, 출장을 배려하고, 회의 사이에 가능하며 피로도를 낮추는 정확한 솔루션이었다. 그때 생각했다.

"이 시스템을 나만 알고 있어도 될까? 이게 회장님만을 위한 것에서 그쳐야 할까?"

그 질문이 모든 걸 바꾸기 시작했다. 내 안에서 더 큰 그림이 그려지기 시작한 것이다.

[발상의 전환] 이건희 회장에게 배우다

기업을 운영하는 방식과 건강을 관리하는 방식은 놀라울 정도로 닮아있다. 둘 다 지속 가능해야 하고 주기적으로 점검해야 하며, 필요하다면 과감하게 바꿔야 한다. 성과 없는 전략을 고수하면 조직이 망가지듯 효과 없는 운동을 억지로 반복하면 몸도 망가진다. 나는 그걸 VVIP 트레이닝을 하면서 매일 느꼈다. 아무리 좋은 루틴도, 현실에 맞지 않으면 소용이 없었다.

어느 날 문득 고(故) 이건희 회장의 말이 떠올랐다.

"마누라와 자식 빼고 다 바꿔라."

삼성의 모든 시스템을 뜯어고친 이유는 하나였다. 기존 방식이 효과적이지 않다면 과감하게 버려야 하기 때문이었다. 그 말이 운동에도 똑같이 적용될 수 있다고 생각했다.

"운동할 시간이 없다."라는 건 사실 시스템이 없다는 뜻이다. "직원들이 운동을 지속하지 못한다."라는 건 환경이 지속 가능하지 않다는 뜻이다. 그래서 나는 기존 방식을 따르지 않기로 했다.

"회사에 헬스장이 없다면 그 상황을 기준으로 새롭게 만들면 된다."

"직원들이 시간을 내기 어렵다면 시간을 내지 않아도 되는 구조를 짜면 된다."

나의 첫 번째 혁신은 바로 이런 발상의 전환에서 시작되었다.

[모두를 위한 헬스케어] 5가지 혁신 원칙

VVIP 맞춤형 트레이닝을 개발하면서 하나의 확신을 얻었다. 운동은 시간의 문제가 아니라 접근 방식의 문제라는 것. 기업에서 직원 건강 관리를 도입하려고 하면 늘 같은 문제에 부딪혔다.

"비용이 너무 부담돼요."

"우리 회사는 헬스장이 없어요."

"직원들이 잘 참여를 안 해요…"

한숨 섞인 변명들만 되풀이될 뿐이었다.

그렇다면, 헬스장 없이도 가능한 시스템을 만들면 어떨까? 나는 기존의 틀을 깨고, VVIP 건강 관리 시스템을 직장인의 삶에 맞게 새롭게 재설계했다. 그것은 단순한 '운동 프로그램'이 아니었다. 시간, 공간, 동기부여, 업무 환경까지 고려한 하나의 '생활 전략'이었다. 개인의 삶과 조직의 목표가 함께 성장하는 선순환 구조를 꿈꿨다.

그동안 실전에서 터득한 다섯 가지 원칙을 정리했다.

- 헬스장 없이 운영이 가능한 시스템: 별도의 시설 투자 없이 건강 실현
- 근무시간에 진행되는 건강 프로그램: 업무에 방해되지 않도록 효율적 설계
- 데이터 기반 맞춤 관리: 개인별 건강 상태를 분석하여 솔루션 제공
- 기업의 인재상과 연결된 프로그램: 조직 문화와 결합하는 관리 시스템
- 이동형 웰니스 프로그램: 외부 근무자도 체계적으로 관리지원

이렇게 구축된 시스템은 예상보다 빠르게 효과를 보였다. 직원들은 별도의 시간을 들이지 않고도 건강을 유지할 수 있었고, 기업은 비용 부담을 줄이면서도 더 나은 복지를 제공할 수 있었다. 결과적으로 기업과 직원 모두가 만족하는 새로운 방식이 탄생한 것이다. 복지 이상의 전략, 그것이 곧 기업 이미지와 경쟁력의 일부가 되었다.

[변화를 만드는 사람] 당신의 건강이 당신의 미래다

처음 운동 지도를 시작했을 때 막연히 사람들의 몸을 건강하게 만드는 것이 내 역할이라고 생각했다. 하지만 시간이 지나면서 알게 되었다. 건강은 몸의 문제가 아니라 삶의 문제라는 것을. 삶의 방식, 사고방식 그리고 우리가 선택하는 모든 것들이 건강을 결정한다.

그리고 작은 변화 하나가 삶 전체를 바꿀 수 있다. 건강 관리 시스템을 혁신하면서 알게 되었다. 이것은 단순히 몸을 관리하는 것이 아니라 기업의 운영 방식을 바꾸는 일이었다. 사람들의 일하는 방식, 생각하는 방식, 나아가 삶을 대하는 태도까지 변화시키는 일이었다.

- 기존의 헬스케어 방식은 중소, 중견기업 현실과 맞지 않았다.
- 기존의 트레이닝 방식은 바쁜 CEO들에게 적합하지 않았다.
- 기존의 운동법은 지속 가능하지 않았다.

그래서 나는, 작은 틈을 찾아내 그 안에서 새로운 길을 설계했다. 그 결과 조직은 더 건강해졌고 사람들은 다시 자기 리듬을 찾기 시작했다.

이 글을 읽고 있는 당신 역시 매일 선택의 기로에 서 있을 것이다. 건강을 포기한 채 바쁜 일상에 떠밀릴 수도 있고, 그 바쁜 일상 안에서도 작고 유연한 방식으로 돌파구를 만들 수도 있다. 나는 그때 현실을 받아들이는 대신 내 방식대로 길을 내기로 선택했다. 길이 없다고 고민하지 말고 내가 가면 그게 길이 되는 거다. 그리고 지금, 당신도 같은 갈림길 앞에 서 있을지 모른다. 이 바쁜 삶 속에서 당장 바꿔야 할 단 하나는 무엇일까? 아마도 지금 가장 먼저 돌봐야 할 건 자신일지도 모른다. 당신의 건강이, 당신의 삶이, 그리고 당신의 미래가 바로 그 선택에 달려 있으니까.

트레이너들이 참고할 만한 정보

CTD 컨설팅은 피트니스 센터 등 창업 시 꼭 필요한 자금 조달을 위해 정부지원금을 확보할 수 있도록 전문적인 컨설팅을 제공한다. 이를 통해 최대 1억 원의 정부 지원금과 최대 2억 원의 정부 지원 대출을 확보하고, 적은 자본으로도 사업을 시작할 수 있도록 도와준다.

컨설팅 문의 : ctdconsulting.kr@gmail.com

Fibud

피벗은 PT 트레이너, 필라테스 강사, 요가 강사 등 운동 강사를 위한 올인원 플랫폼이다. 2023년 설립 이후 중소벤처기업부와 문화체육관광부의 지원으로, 피트니스 시장의 질적 성장을 위한 다양한 서비스를 제공하고 있다.

1. 교육 서비스
2. 채용 서비스
3. 커뮤니티 서비스
4. 회원 매칭 서비스
5. 회원 관리 서비스

피벗 서비스 바로가기 ▶

 **직장인 웰니스 공식**

60일 만에 변화를 만든 실제 사례

"헬스장 없이 전 직원의 건강을 관리할 수 있을까?"

이 질문 하나가 기업 헬스케어의 판도를 바꿀 수도 있다고 생각했다. 진짜 문제는 '공간 부족'이 아니라 '방식 부재'였다.

"도대체 이게 가능한 겁니까?"

"사무실도 부족한데 헬스장을 만들다니요?"

"운영비용은요?"

회의실 안, 경영진과 의심 가득한 임원과의 운영 사안을 두고 찬반 여론이 오고 갔다. 처음 헬스장을 만들어 새롭게 운영하는 방안은 여러 가지로 부담스러운 점이 많았다. 시설 없이 구성원 전체의 건강을 관리하겠다는 제안은 처음엔 불가능하고 막막한 도전처럼 보였다. 하지만 나에게는 두 가지 강력한 무기가 있었다. 하나는 경영진의 열린 마음이고 다른 하나는 오랜 VVIP 고객 관리 경험이었다. 이 경험에서 얻은 통찰은 단단한 자신감을 주었고, 그 과정에서 탄생한 특허 상표등록 기반 프로그램이 혁신의 씨앗이 되었다. 나는 그때 논리적으로 말했다.

"우선 실행해 보고, 문제가 있다면 그때 헬스장을 마련해도 늦지 않습니다."

내 목소리에는 한 치의 망설임도 없었다. 그렇게 '헬스장 없이도 가능한 건강 관리 시스템'이라는 기존에 없던 새로운 패러다임이 시작되었다.

[이게 진짜 된다고?] 고정관념을 부순 현장의 증명

어느 날 사내 운영팀에서 연락이 왔다. 외부 기업 운영자들과 함께 헬스케어센터를 직접 둘러보고 싶다고 했다. 갑작스러운 요청에 잠시 당황했지만 이것이 우리 시스템의 가치를 입증할 기회라고 생각했다. 처음엔 단순한 관심 정도이겠거니 했는데 방문 당일의 분위기는 전혀 달랐다. 웰니스 프로그램을 소개하자마자 나온 반응은 예상보다 훨씬 뜨거웠다.

"이 모델, 우리도 도입하고 싶습니다."

"헬스장이 없는데 어떻게 이게 가능하죠?"

"진짜 이렇게 운영하면 수억 원은 절약하겠네요."

모두가 열렬히 박수치며 감탄했다. 기존에는 헬스장이 있어야 건강 관리가 가능하다고 믿었던 그들이 눈앞에서 전혀 다른 시스템이 작동하는 모습을 보며 놀라움을 감추지 못했다. 그 순간 나는 다시 한번 확신했다. '공간이 아닌 시스템이 문제였다.' 기업의 문제는 조금만 다른 시각으로 보면 충분히 해결 가능하다는 것을. 고정관념이라는 벽이 무너지는 소리가 들리는 듯했다.

2025년, '건강한 삶으로의 초대'라는 이름으로 혁신적인 기업 건강 관리 모델이 탄생했다. 이 시스템(특허 상표등록 제40-2024-0011XXX호 외 16류, 35류, 41류, 44류)은 사내 헬스장 없이도 구성원의 건강을 관리할 수 있는 운영 방식으로 1년 5개월의 심사 끝에 특허 상표로 등록했다. 현재는 이 성과를 바탕으로 두 번째 다른 부분 특허도 준비 중이다.

▲ 건삶초는 책, 강의, 건강 프로그램, 컨설팅, 사내 헬스장 운영관리로 세분화 되어 있다.

내가 현재 운영 중인 이 모델은 40개의 전문 웰니스 프로그램으로 구성되며 주요 특징은 다음과 같다.

- 모든 임직원이 근무시간 내에 1:1 PT와 맞춤 컨디션 케어를 받는다.
- 참여자가 시간과 요일을 선택해 2개월 단위로 순환하며 관리받는다.
- 전 과정이 자율적이며 모든 것이 무료로 제공된다.
- 개별 상담과 스트레스, 체성분 검사는 기본으로 제공된다.

처음 특허 등록 소식을 들었을 때 가슴이 벅차올랐다. 단순한 아이디어가 아니라 검증된 시스템과 이름으로 하나의 브랜드화를 시킬 수 있으니까. 변리사께서도 축하한다는 메시지를 보내오셨다. 무엇보다 내가 속한 조직이 이런 운영관리를 갖추고 타기업보다 건강한 문화를 만들어간다는 점이 뿌듯했다. 사실 초반엔 회의적인 시선도 있었다.

"한 명의 전문가가 천 명의 임직원 건강을 관리한다구요?"

하지만 방법론은 놀라울 정도로 효과적이었다. 기업의 부담은 줄고 구성원들의 컨디션은 개선되었다. 이제는 수억 원을 들인 헬스장 없이도 혁신적인 웰니스 접근법이 가능하다는 것이 증명된 셈이다.

[최상위 1%를 넘어 모두에게] 맞춤형 웰니스 프로그램의 확장

이 모든 혁신의 시작은 회장님 한 분을 위한 맞춤 케어였다. 바쁜 경영진을 위해 개발된 특화 프로그램들이 그 기반이 되었다.

- 단 10분 만에 근막을 이완시키고 에너지를 회복시키는 '퀵 리차징' 회복 루틴

- 유연성 강화와 자세 교정을 결합한 '밸런스핏' 교정 스트레칭
- 30분 이내의 집중형 퍼스널 루틴 '파워 부스팅'
- 장소에 구애받지 않는 '에브리웨어' 제로 트레이닝
- 중년을 위한 맞춤형 뱃살 다이어트 전략 '코어 슬리밍'

모든 요소는 바쁜 일정 속에서도 건강을 유지할 수 있도록 설계된 삶의 전략이었다. 최상위 1%를 위한 비밀 병기가 이제 모두를 위한 혁신으로 확장된 것이다.

"해외 출장 후 시차 적응으로 늘 고생했는데 프로그램 관리 후에는 컨디션이 좋아져 당일부터 업무에 집중할 수 있었어요."

한 임원의 피드백이 전해주듯, 특히 '뇌테라피'는 경영진들 사이에서 큰 호응을 얻었다. 두개천골요법(CST)을 바탕으로 한 이 프로그램은 불면증 해소, 만성 피로 회복, 집중력 향상 등 그동안 쌓인 스트레스를 신경계 균형을 통해 조절하는 방식이었다. 뇌가 풀려야 몸도 풀린다는 원칙이 경영진의 실제 경험을 통해 증명되었다.

이제는 웰니스가 기업문화의 중심축이 되었다. 회사 인재상과 연결된 건강 프로그램, 직원의 특성과 직군에 맞춘 루틴, 지속 가능한 체력 증진 방식, 데이터 기반 피드백 체계, 지방 근무자를 위한 이동형 헬스케어센터 등 모든 요소가 '건강한 삶으로의 초대'라는 이름으로 하나의 철학이 되었다.

- 사람(개별 맞춤): 근무시간 내 프로그램에 참여
- 자기컨디션과 일정에 맞춰 일하면서 건강을 챙길 수 있는 자율성과 배려의 방식
- 함께(협업과 팀워크): 직군별 특화 웰니스 프로그램
- 비슷한 업무를 가진 구성원끼리 함께하는 루틴은 소통과 팀워크를 자

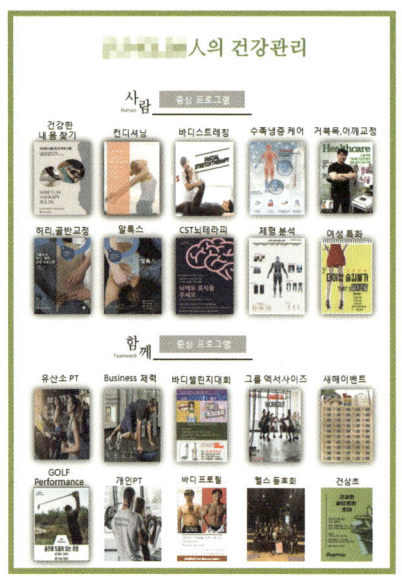
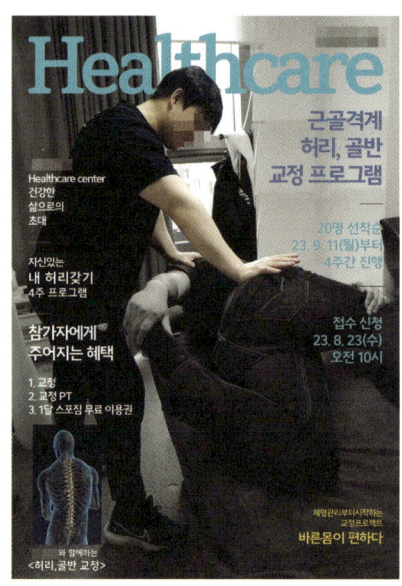
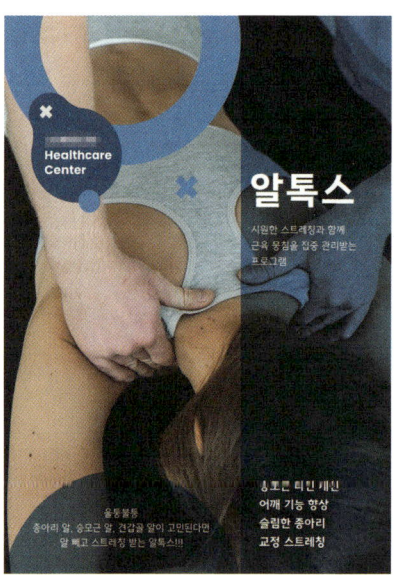
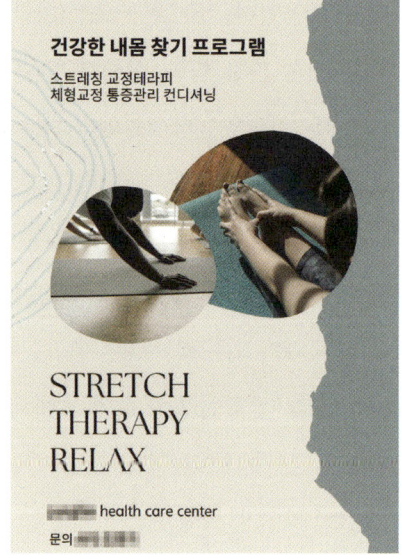

▲ 인재상과 연결된 헬스케어 프로그램

연스럽게 강화한다.
- 지속(장기적 건강 관리): 순환형 시스템 도입
- 일회성이 아닌 주기적인 순환 관리를 통해 건강이 습관으로 자리 잡도록 설계했다.
- 신뢰(데이터 기반 관리): 추적 관리 및 피드백 제공
- 정량적 데이터를 기반으로 개별 변화 과정을 시각화하고 신뢰할 수 있는 체계를 마련했다.
- 탁월(성과의 의미 있는 나눔): 성과를 기부·보상·시상식과 연결
- 건강 목표의 달성은 개인의 성장에서 그치지 않고 조직과 사회로 확장되는 가치 있는 경험이 된다.

우리 회사에서 가장 인기 있는 웰니스 프로그램들은 각자의 특징으로 직원들의 마음을 사로잡았다. 회계팀 정 대리는 이런 소감을 남겼다.

"결산 시즌에 정말 큰 도움이 됐어요. 어깨와 목이 너무 아팠는데, '알, 톡, 스(알베김을 톡 풀고 스르륵 이완)' 프로그램은 승모근, 견갑골, 종아리 등의 부위를 집중적으로 풀어주고, 아로마와 음악으로 스트레스까지 완화하는 구조로 특히 여성 직원들에게 큰 인기를 끌었어요."

전사적 참여로 다이어트 챌린지도 놀라운 성과를 끌어냈다.

"2개월 동안 17kg 감량했어요. 그런데 중요한 건 체중이 아니라 생활 패턴이 바뀐 거예요. 이제는 운동이 제 삶의 습관이 되어버렸어요."

IT팀 김 부장의 변화는 많은 이들에게 영감을 주었다. 일반적인 체중 감량이 아니라 건강한 식습관과 꾸준한 운동 루틴을 만드는 데 중점을 둔 이 프로그램은 팀별 경쟁과 보상을 통해 지속 가능한 변화를 끌어냈다. 또한 참가자들이 상품을 어려운 이웃을 위해 자발적으로 기부하면서 사회공헌 활동으로도 확장되었다. 우리 회사 인재상엔 '탁월'이 있다. 특히 '탁월'이라

는 가치는 단순히 '최고의 성과'를 내는 것이 아니었다. 자신이 이룬 성장을 나누고 함께 기뻐하는 것, 그것이 진정한 탁월함이었다.

[기업의 문화로] 웰니스 확장과 사회적 가치

나는 이렇게 생각했다.
"새로운 변화는 개인에게서 끝나는 것이 아니라, 어떻게 의미 있게 나누고 공유할 것인가?"

그 결과 건강해진 직원들은 자신이 얻은 변화를 사회적 가치로 환원할 수 있었다. 기업은 큰 비용 부담 없이도 수준 높은 웰니스 체계를 구축했고, 임직원들은 별도의 시간을 내지 않아도 일하면서 스스로 챙길 수 있는 환경이 조성되었다. 그렇게 우리는 기존의 운동 프로그램을 넘어 건강한 기업문화를 창조하는 새로운 길을 개척했다. 작은 변화는 개인의 몸에서 시작되지만 기업을 움직이고 결국 사회까지 바꾼다. 무엇보다도 결정적인 순간마다 길을 열어준 것은 경영진의 결단이었다. 그 선택의 바탕에는 '함께 살아가는 공동체'라는 가치가 있었다. 직원의 건강을 단순한 복지가 아니라 회사의 핵심 자산으로 본 그 관점이 있었기에, 개인의 변화가 기업 전체로 확장되고 다시 사회를 움직이는 힘으로 이어질 수 있었다.

- 실제 사례: 사내 다이어트 챌린지 대회에서 1등한 OOO님(여성 구성원)은 17kg의 감량으로 건강을 다시 회복했고 자신의 우승상품인 고가의 아이패드를 현찰로 바꿔서 어려운 이웃에게 기부했다.
- 구성원이 건강하면 → 기업의 생산성이 높아지고 → 결국 사회 전체에 긍정적인 영향을 미친다.

다른 대기업에서는 이를 '사회적 가치'라 부르고 나는 이를 '건강한 삶으로의 초대'라 명명했다. 표현은 다르지만 사람 중심의 철학이라는 본질은 동일하다. 그리고 미래는 그런 혁신을 이끌어가는 사람들의 것이다.

나의 역할은 운동 지도를 넘어 변화를 이끌고 문화를 만들어 가는 동반자다. '변화를 설계하는 혁신가'로 진화하고 있다. 이 접근법은 한 개인, 한 조직을 넘어 사회 전체를 더 건강하게 할 수 있는 잠재력을 품고 있다. 이것이 내가 꿈꾸는 미래다. 공간이 아닌 '방식'으로 삶을 전환하는 일. 그리고 그 여정은 한 사람의 건강을 넘어 결국 '삶 전체'를 바꾸는 움직임이 되었다.

이제 우리 시스템으로 천 명의 구성원이 건강을 증진하고 여러 기업이 벤치마킹하러 방문한다. 하지만 여기서 멈출 수는 없다. 이 시스템이 증명한 것은 일반적인 건강 관리 방법이 아니다. 변화는 공간이 아닌 사람에게서 시작된다는 진실이다. 이제 나는 더 큰 질문 앞에 서 있다.

"이 변화를 어떻게 더 많은 사람들과 나눌 수 있을까?"

"건강이라는 것이 정말 몸의 문제일까, 아니면 삶의 태도일까?"

특허 받은 시스템을 만들며 마음속 깊이 느꼈다. 진짜 혁신은 기술이 아니라 사람들의 인식을 바꾸는 데 있다는 것을. 이제 단순히 '운동하는 사람'을 넘어 '변화를 설계하는 트레이너'가 되어야 할 때다. 더 많은 기업과 개인들이 각자의 환경에 맞는 건강한 삶을 설계할 수 있도록 돕는 것이 나의 다음 목표다. 관리를 받은 구성원들은 이런 시스템들이 업무에 많은 도움이 되며 능률이 올랐다고 증명한다.

▲ 사내 게시판 리뷰

 건강은 되찾는다

업무로 무너진 몸, 사무실 혁명

[직장인의 고통] 더 이상 외면할 수 없는 당신의 몸

아침에 눈을 뜨는 순간, 어깨는 이미 뻐근하다. 하루를 시작했을 뿐인데 몸은 벌써 무겁다. 퇴근 후에도 목 통증은 사라지지 않는다. 점심시간에도 여유는 없다. 모니터 앞에서 급하게 끼니를 때우거나 편의점에서 허겁지겁 한 끼를 해결할 뿐이다. 그렇게 하루를 버티고 야근 후 녹초가 되어 집에 돌아오면 운동은커녕 잠들기에 바쁘다. 육아까지 더해지면 이마저도 허락되지 않는다. 주말이 되어도 피로는 가시지 않는다. 늘어나는 뱃살, 둔해지는 몸, 예전 같지 않은 활력. 이건 당신만의 이야기가 아니다. 문제는 여기서 끝나지 않는다. 체력이 무너진 직원은 업무 효율이 떨어지고 결근율이 늘어난다. 결국 기업 전체의 생산성이 저하하는 악순환이 반복된다. 이제 직장도 직원의 건강을 개인의 책임으로만 돌릴 수 없다. 당신의 몸은 회사가 더 이상 외면할 수 없는 가장 중요한 자산이기 때문이다.

[회사가 만드는 변화] 건강은 복지가 아닌 전략

그렇다면 어떻게 해야 할까? 바쁜 직장인에게 "알아서 운동하라."는 말은 공허한 메아리가 될 뿐이다. 개인의 의지만으로는 결코 지속될 수 없는 싸움이기도 하다. 바로 이때, '회사'가 해결사가 되어야 한다. 직원의 컨디션과 스트레스 관리는 단순한 복지를 넘어 기업의 지속 가능한 성장을 위한 전략적 투자라는 인식이 필요한 때이다.

일터는 직원의 삶의 터전이자 가장 많은 시간을 보내는 공간이다. 이곳에서 몸과 마음이 망가진다면 과연 행복한 삶을 기대할 수 있을까? 답은 정확히 정해져 있다. 조직이 먼저 나서서 혁신적인 웰니스 시스템을 제공하는 것이다. 강요가 아닌 자발적 참여, 별도 비용 없이 누구나 누릴 수 있는 접근성. 이것이 기업과 직원이 함께 성장하는 새로운 공식이다. 건강은 이제 소모되는 비용이 아니라, 우리 모두의 미래를 위한 핵심 동력이 된다.

[시스템이 만든 변화] 동료들의 회복과 활력 스토리

앞서 '직장인 웰니스 공식'으로 헬스장 없는 시스템이 어떻게 성공했는지 보여주었다. 이제 그 구조가 우리 팀의 동료들 삶에 스며들어 어떤 획기적인 회복을 끌어냈는지 진짜 이야기를 해보겠다.

허리 디스크 때문에 늘 고생하던 김 대리가 있었다. 본사에서 멀리 떨어진 현장에서 근무해서 병원 가는 것도 쉽지 않았다. 그런데 회사의 '이동형 헬스케어' 프로그램을 신청하고는 완전히 달라졌다. 전문가가 직접 현장까지 찾아와 근무시간에 맞춤 관리를 해주었다.

"회사가 이렇게까지 신경 써줄 줄 몰랐어요. 통증이 줄어드니 업무 집중력도 확실히 달라졌습니다."

김 대리처럼 지방 근무가 많은 직원들에게 이 서비스는 단순히 몸을 관리해 주는 것을 넘어, 직장에 대한 든든한 신뢰까지 만들어주었다.

늘 피로에 절어 좌식 업무와 스트레스에 시달리던 동료들도 있었다. "허리가 아파요", "목 어깨가 아파요" 같은 고민을 하는 그들에게는 짧고 효과적인 '컨디셔닝' 관리를 제안했다. 특별한 기구 없이 20분, 길어야 40분 정도 투자했을 뿐인데 머리가 맑아지고 몸에 활력이 돌기 시작했다. 이처럼 다양한 신체적 고통을 가진 구성원들을 위해 맞춤형 해결책을 제공할 수 있었다.

매년 신입사원들을 위해 진행되는 '건강 특강과 워크숍'도 정말 인기가 많다. 전문가가 쉽고 재미있는 강의를 통해 스트레스 관리법부터 올바른 식습관, 효율적인 맨몸 운동법 등 실생활에 바로 적용할 수 있는 내용들이다. 특히 '자세 교정'에서는 모두가 평소 무심코 하던 잘못된 습관을 발견하고 고치려고 노력하는 귀한 시간이 되었다.

"막연했던 건강 지식이 이제는 확실해졌어요. 제가 직접 동료들에게도 좋은 정보를 나누게 되더라고요."

이런 경험들이 쌓이면서 우리 회사는 건강에 대한 인식과 문화가 완전히 달라졌다.

물론, 단순히 몸을 만드는 것을 넘어 '바디 프로필'처럼 구체적인 목표를 가진 열정적인 동료들도 있었다. 이런 분들을 위해서는 개인별 체형과 목표에 맞춘 '단계별 맞춤 운동 솔루션'을 제공했다. 비록 헬스장은 없었지만 꾸준한 코칭을 통해 만족스러운 결과를 만들어냈다. 우린 주말에 외부 PT 샵에서 만나 몸을 만들었다. 프로필 촬영을 하는 날엔 월차를 내고 동료를 도왔다. 60일간의 일정이 성공적으로 마무리된 순간이다.

이렇게 잘 훈련된 한 명의 트레이너가 수백에서 최대 1천 명의 구성원이 가진 천차만별의 건강 니즈에 유연하게 대응하며 놀라운 회복을 끌어낼 수 있었다. 우리 회사의 웰니스 시스템은 단순한 운동 프로그램을 넘어 동료들 각자의 삶 속에서 건강을 회복하고, 더 나아가 스스로 변화의 주체가 될 수 있도록 강력한 동기를 부여한다. 당신의 회사도 바로 이런 변화의 주인공이 될 수 있다고 생각한다. 특히 회사에 이미 헬스장이 있다면 이 시스템을 통해 더욱더 좋은 환경을 만들어낼 수 있다. 만약 트레이너 고용이 어려운 곳이라면 헬스동호회를 만들거나 분기별 트레이너 방문으로 점검과 지도를 받으면 된다.

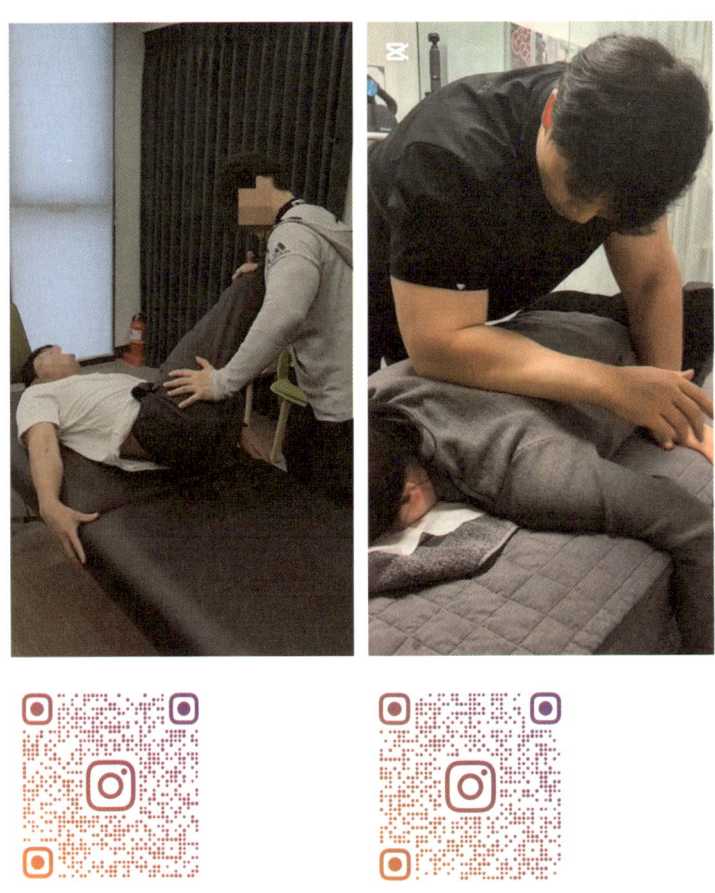

▲ 이동형 헬스케어, 컨디셔닝, 바디 프로필, 신입사원 건강 특강/ 동영상 QR 코드

[새로운 가능성] 모든 직장이 건강 혁신의 주체가 될 수 있다

건강을 되찾은 동료들은 업무에 더 집중하고, 스트레스를 효과적으로 관리하며 삶의 활력을 되찾는다. 개인의 변화는 곧 회사의 활력으로 이어진다. 에너지가 넘치는 직원들이 만든 건강한 기업문화는 회사의 경쟁력이자 지속적인 성장의 핵심 동력이 된다.

어떤 회사도 예외는 아니다. 지금 당신의 조직도 웰빙을 통해 새로운 성

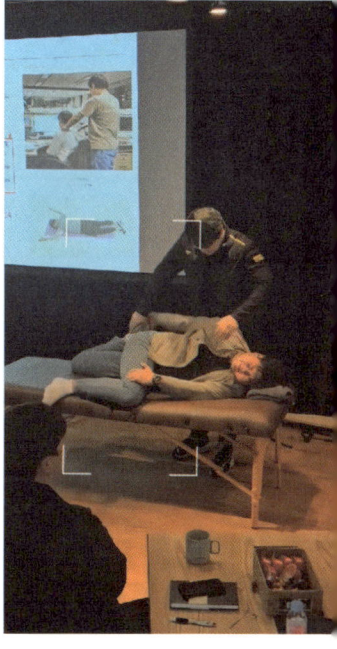

장 동력을 찾을 수 있다. 거창한 시설 투자나 복잡한 절차 없이도 작은 관심과 혁신적인 접근으로 충분히 가능하다. 변화는 거창한 규모에서 시작되지 않는다. 바로 당신이 속한 곳에서 지금 이 순간부터 시작될 수 있다.

  이 책을 통해 얻은 정보와 실행력으로 당신이 속한 일터도 건강 혁신의 주체가 될 수 있음을 믿는다. 직장인들의 지친 몸과 마음에 활력을 불어넣고 조직 전체에 긍정적인 에너지를 불어넣는 그 시작에 동참한다. 우리의 회사는 이미 변화를 위한 모든 잠재력을 가지고 있다.

 **헬스장 없는 전환점**

오늘, 당신이 변화를 만드는 순간

[작은 날갯짓] 건강의 판도를 바꾼다

"헬스장 없는 헬스케어 시스템을 만들며 깨달았다. 진짜 혁신은 공간이 아니라 사람에게서 시작된다는 것을."

그래서 문득 나 자신에게 다시 물었다.

"나는 지금 어떤 변화를 만들고 있는가?"

처음 운동을 시작했을 땐 그저 몸을 건강하게 만드는 게 내 역할이라고 생각했다. 하지만 이제는 더 깊이 이해하게 되었다. 건강은 결국 삶의 철학이고 일관된 선택의 결과물이다. 우리가 어떤 생각을 하고 어떤 삶의 방식을 선택하느냐에 따라 건강의 모습도 달라진다. 그리고 아주 작은 결정 하나가 인생 전체의 방향을 바꿔놓기도 한다. 그것은 마치 나비의 작은 날갯짓이 거대한 태풍을 일으키는 것처럼 예기치 않은 놀라운 변화를 가져오기도 한다.

오랜 기간 VVIP 고객들을 관리하면서 체득한 진리가 있다. 체력 관리는 곧 전략이다. 특히 시간이 부족한 사람일수록 효율적이고 정확한 루틴이 필요했다. 성공한 사람일수록 자기관리에 더 철저했고, 그들에게 몸은 피상적인 외형이 아니라 생존과 지속 가능성을 위한 핵심 자산이었다. 그리고 이제 나는 '헬스장 없는 헬스케어'라는 혁신을 넘어 더 큰 도전 앞에 서 있다.

"이 시스템과 경험을 어떻게 더 많은 사람들과 나눌 수 있을까?"

이 질문은 내 가슴을 다시 뛰게 했다. 이것이 내가 계획하고 있는 다음 단계다. 더 이상 건강 관리는 운동법 하나로 설명되지 않는다. 이제는 '시스템'과 '콘텐츠', 그리고 '전략'의 시대이다.

[새로운 비전] '변화를 만드는 사람'의 다음 단계

1. 기업 건강 관리 혁신 교육
- 특허받은 헬스장 없는 헬스케어 시스템 노하우 전수
- 공간과 예산의 한계를 극복하는 현실 맞춤형 건강 관리 전략
- 수많은 임직원이 달라진 실제 성공 사례와 실행 방안 공유

2. CEO & VVIP 트레이너 양성 프로그램
- 수십 명의 경영진을 케어하며 쌓은 실전형 노하우 전격 공개
- 개인 맞춤 프로그램 설계법부터 라이프스타일 컨설팅 역량까지
- 차세대 전문직 트레이너를 위한 실전 커리큘럼

3. 새로운 헬스케어 프로그램과 콘텐츠 브랜드
- 알톡스 스트레칭: 단단하게 굳은 현대인의 몸과 마음을 풀어주는, '근육 회복 + 신경계 이완'을 결합한 실전 테라피 (30~50대 여성 / 직장인 / 고급 웰니스 관심자)
- 리셋 바디 스트레칭: 흐트러진 자세와 습관을 리셋하고, 무너진 체형

을 되살리는 중장년 전용 교정 & 회복 스트레칭 프로그램 (40~60대 / 체형 문제 / 중년 건강 입문자)
- 중년 건강 SOS 시리즈: 회장님 건강 관리법을 일반인을 위한 버전으로 재구성 (유튜브, 인스타, PDF 콘텐츠로 확대 가능)

이건 단순한 지식 전수가 아니다. '헬스장 없는 헬스케어'처럼 기존의 틀을 깨고 새로운 가능성을 여는 실천 전략이다. 나 혼자만의 변화가 아니라 더 많은 사람들의 삶을 건강하게 전환시키기 위한 다음 발걸음이다. 나의 경험이 그들의 삶에 작은 등불이 될 수 있다면 그것으로 족하다.

[진짜 이야기에 마음을 열다] 작가로서의 새로운 시작

사실 나는 글을 쓰는 사람이 아니었다. 솔직히 말하자면 걱정이 많았다. "운동만 잘하면 되지 글은 전문가가 쓰는 거잖아?"

하지만 시간이 지날수록 느꼈다. 사람들은 멋진 문장보다 진짜 이야기에 마음을 연다. 그리고 이 책에 담긴 나의 경험과 통찰이 누군가에게는 새로운 출발이 될 수 있을 거라 믿게 되었다. 내 삶의 조각들이 다른 사람에게 희망의 퍼즐이 될 수 있다면 기꺼이 내 이야기를 나누고 싶었다.

[앞으로 나올, 쓰고 싶은 책들]

1. 『운동보다 중요한 것들』 / 『이상한 헬스장』 / 『건강한 삶으로의 초대』
   - "건강은 근육이 아니라, 삶의 태도다"
- 왜 헬스장이 없어도 건강 관리가 가능한가?
- '운동이 전부가 아니었어!'라고 느끼게 해주는 인생 헬스서

- 공간·장비 없이 실현되는 진짜 건강 전략

2. 『리더의 건강 전략』 / 『클린리셋 다이어트』 / 『재벌홈트 '제로 트레이닝'』
   - "몸을 지배하는 자, 인생을 바꾼다"
   - 성공한 리더들이 선택한 건강 관리 루틴
   - 중년 복부비만과 스트레스 살을 동시에 바꾸는 리셋 전략
   - VVIP 케어 경험에서 탄생한 다이어트 실전법
   - 1평 공간에서도 가능한 '재벌 홈트레이닝' 확장 버전

3. 『살기 위해 운동합니다』 / 『중년건강 SOS』 / 『CEO의 시선』
   - "작은 움직임이 인생을 되돌린다"
   - 바쁜 중년을 위한 생존형 헬스 솔루션
   - 하루 30분 투자로 바뀌는 건강, 체형, 멘탈
   - 건강 습관 설계, 루틴화, 자기 계발 중심으로 설계

[당신의 첫걸음] 지금, 여기서 시작하라

나의 글이 누군가에게 작은 용기가 되었으면 좋겠다. "나도 할 수 있다!"라는 그 한 문장이 나올 수 있다면 그것만으로도 충분하다. 한 사람의 작은 변화가 세상을 바꾸는 첫걸음이 될 수 있다고 나는 믿는다. 작은 선택 하나가 삶의 방향을 바꾸고, 작은 루틴은 누군가에게 영감이 되며, 결국 세상에 선한 영향력을 줄 수 있다. 당신이 내딛는 첫걸음이 곧 세상을 바꾸는 첫걸음이 될 테니까.

이제 마지막으로 한 가지 질문을 던지고 싶다. 당신은 어떤 변화를 만들

고 싶은가?

'헬스장 없는 헬스케어'가 증명했듯이 변화는 거창한 시설이나 큰 투자에서 시작되지 않는다. 바로 지금 이 순간의 작은 결심에서 시작된다. 이 책을 통해 얻은 정보와 실행력으로 '변화를 만드는 사람'이 될 수 있음을 믿어라. 지금 이 순간 휴대전화를 내려놓고 아주 작은 움직임 하나를 시작해 보자. 그 움직임이 인생 전체를 뒤흔드는 전환점이 될 수 있다.

- 10초 동안 깊게 호흡하기- 고요히 숨결을 느껴보라.
- 물 한 잔 천천히 마시기 - 생명의 물이 온몸으로 퍼져나가는 것을 상상하라.
- 5분간 목과 어깨 스트레칭 하기 - 하루의 무게를 잠시 내려놓아라.
- "오늘 하루 내 몸에 집중하겠다"라고 스스로에게 다정히 말하기

이런 작은 시작이 몸과 마음의 변화를 만든다. 첫발을 내딛는 순간 당신은 이미 변화를 시작한 것이다. 우리는 모두 크고 작은 갈림길에 서 있다. 익숙한 길을 따를 수도 있고, 익숙하지 않은 새로운 길을 만들 수도 있다.

내가 '헬스장 없는 헬스케어'로 기업 관리의 패러다임을 바꿨듯이 당신도 자신만의 방식으로 변화를 만들 수 있다. 이제 당신의 이야기가 시작된다.

 에필로그

몸을 바꾸면 인생이 바뀐다
하지만 결국 사람이다

해가 저물어가는 어느 저녁, 사무실 창가에 앉아 지난 20년의 여정을 돌아보았다. 수많은 인생이 내 앞을 스쳐 지나갔다. 바쁜 CEO들, 결과에 집착하는 클라이언트들, 변화를 갈망하는 직원들, 그리고 그들 모두의 이야기가 내 안에 겹겹이 쌓여 있다. 이 책을 쓰는 과정에서 더욱 분명해졌다. 내가 진정으로 배운 것은 운동법이나 시스템이 아니었다. 그것은 사람과의 연결, 그들의 변화 과정, 그리고 그 안에서 싹튼 깊은 관계였다. 기술은 사람을 잠시 변화시킬 수 있지만 마음을 움직이는 것은 결국 진심 어린 관계라는 것을.

우리는 모두 각자의 자리에서 치열하게 살아간다. 누군가는 성공을 위해 달리고, 누군가는 생존을 위해 버티고, 누군가는 목표 없이 하루를 흘려보낸다. 나 역시 그랬다. 회장님을 모시며, 재벌 사모님들과 마주하며, 수많은 기업가, 직원, 동료, 친구들을 만나면서 나는 '일'에 미쳐 살았다. 운동과 건강을 연구하고, 시스템을 만들고, 더 나은 트레이너 더 나은 사람이 되기 위해 밤을 지새웠다. 그리고 나는 믿었다.

"내가 실력만 있으면, 모든 것이 해결될 것이다."

하지만 결국, 남는 것은 실력보다 '사람'이 먼저였다. 아무리 뛰어난 실력도 마음을 얻지 못하면 모래 위에 지은 성과 같았다.

어느 날 밤, 한 기업의 CEO로부터 문자 메시지를 받았다.

"코치님, 오늘 거래처 미팅에서 계단을 오르는데 숨이 차지 않았어요. 처음 겪는 경험이었습니다. 감사합니다."

이 짧은 메시지가 나에게 얼마나 큰 의미였는지 모른다. 그는 단순히 체력이 좋아진 것이 아니라 인생에서 새로운 가능성을 발견한 것이다. 그리고 나는 그 순간 내가 단지 몸을 변화시키는 사람이 아니라 삶 자체를 변화시키는 일에 동참하고 있음을 확신하게 되었다. 그것은 어떤 트로피보다 더 값진 보상이었다.

[내가 진짜 배운 것] 삶의 본질을 찾아서

나는 이 책을 통해 운동을 이야기했지만 사실 전하고 싶었던 것은 운동보다 더 중요한 것이었다.

- 유한한 시간: 우리는 영원히 살 것처럼 일하지만 가장 후회하는 건 소중한 사람들과 보낸 시간이 부족했다는 것이다.
- 무너지는 몸, 무너지는 삶: 최고의 리더들은 체력이 곧 경쟁력임을 알고 있었다. 몸이 버티지 못하면 아무리 큰 꿈도 의미가 없다.
- 위기는 곧 기회: 불가능해 보였던 순간이 나를 가장 크게 성장시켰다. 버티고, 견디고, 끝까지 해냈을 때 새로운 길이 열렸다. 절망의 끝에서 희망을 보았다.
- 결국 통하는 진심: 나를 괴롭혔던 사람도 나를 도왔던 사람도 결국은 모두 내 성장의 밑거름이 되었다. 나는 목사님에게 신앙을, 회장님에

게 결단력을, 비서실장님에게 태도를 배웠다. 그리고 나를 오랫동안 힘들게 했던 사람들에게도, 버티는 힘을 배웠다.

[인생의 가장 귀중한 자산] 관계

여정을 돌아보며 깨달은 또 하나의 진실은 성공의 본질이 '관계'에 있다는 점이다. 나는 계속해서 더 나은 운동법, 더 효과적인 시스템을 개발하는 데 집중했지만 진정한 변화는 사람들과의 깊은 신뢰 관계에서 시작되었다. 클라이언트가 내 조언을 따르는 이유는 내 지식 때문이 아니라 그들이 나를 신뢰하기 때문이었다. 이 관계의 힘이 없었다면 아무리 훌륭한 시스템도 실행되지 않았을 것이다.

이런 관계의 힘은 작은 순간들 속에서 가장 빛났다. 내 경력 중 가장 의미 있는 순간들은 화려한 성공이 아니라 작은 신뢰의 순간들이었다. 한 클라이언트가 자신의 두려움을 처음으로 나에게 털어놓았을 때, 또 다른 클라이언트가 건강 습관을 바꾸어 수년간의 통증에서 벗어났을 때, 그리고 한 직원이 나의 조언을 따라 자기 커리어에서 큰 도약을 이루었을 때… 이런 순간들이 내 인생을 정의한다. 그것은 단순한 직업적 성취를 넘어선 인간적인 교감의 기쁨이었다.

[이제 당신 차례디] 당신의 삶을 완성하는 긴강

이 책을 덮고 나면 당신도 다시 일상으로 돌아갈 것이다. 바쁜 하루, 반복되는 루틴, 쉴 틈 없이 쏟아지는 업무 속으로. 하지만 하나만 기억하자.

당신은 지금 어떤 길을 걷고 있는가? 그리고 그 길 끝에서 후회 없는 인생을 만들고 있는가?

나는 그 길을 걸으며 단순한 신체 훈련을 넘어 삶의 본질을 발견했다. 그리고 이 책을 통해 당신도 '운동보다 더 중요한 것'을 하나쯤 마음에 새겼기를 바란다.

몸을 바꾸면 인생이 바뀐다. 하지만 인생을 바꾸는 것은 '사람'이다. 이 긴 여정에서 배운 가장 큰 교훈은 이것이다. 우리가 건강을 추구하는 궁극적인 이유는 단순히 오래 살기 위함이 아니라 더 충만하게 살기 위함이다. 건강한 몸은 우리가 사랑하는 사람들과 더 많은 순간을 공유하고, 더 깊은 관계를 맺고, 더 의미 있는 삶을 살 수 있게 해주는 도구이다. 내가 만났던 수많은 성공한 사람 중에서 진정으로 행복했던 이들은 단순히 부와 명예를 가진 사람들이 아니었다. 그들은 자신의 건강을 지키며 소중한 관계를 가꾸고 자신의 가치에 따라 살아가는 사람들이었다. 이제는 당신의 이야기로 채워갈 시간이다.

건강한 몸보다 더 중요한 건 당신이 어떤 삶을 살아가느냐이다.

- 한 걸음
- 한 번의 선택
- 한 번의 시작

그것이 모든 변화의 시작이다.
공간의 한계를 넘어선 혁신처럼 당신의 한계도 넘어설 수 있다.
책은 끝났지만 당신의 여정은 지금부터다.
당신의 이야기가 이 책을 넘어서 또 다른 누군가의 시작이 되기를.
이 길에서 나는 당신을 응원한다.

부록 1

재벌들의 건강 관리법

하루의 피로를 풀어주는 후두골 마사지

본문 126쪽 참조

식단은 전략이다

회장님 건강 식단·대한민국 최초 공개

본문 131쪽 참조

60일 클린리셋 프로그램

몸과 정신을 재탄생시키는 하루 설계 전략

■ 프로그램 개요

- 목적: 체중 감량, 에너지 회복, 세포 정화, 집중력 향상
- 기간: 8주간 (60일)
- 핵심 전략:
- 간헐적 단식 (8:16)
- 저탄수·고단백 식단
- 하루 에너지 흐름에 맞춘 3식 설계
- 회복 중심의 스트레스 관리
- 주기적 테라피 + 명상 루틴

■ 하루 루틴 설계 (에너지 흐름 기반)

시간대	식사 구성	목적 및 효과
오전 10시 (첫 식사)	오트밀 + 블루베리 + 견과류	뇌 활성화, 집중력 상승, 항산화

| 오후 2시 (중간 식사) | 연어 + 아보카도 샐러드 + 현미 | 심장 건강, 안정된 에너지 공급 |
| 오후 6시 (마지막 식사) | 닭가슴살 + 구운 채소 | 회복 촉진, 근육 보호, 숙면 유도 |

※ 하루 물 2L 이상 / 카페인, 술, 담배 불가 / 식사 외 시간 공복 유지

■ 주간 실천 전략

- 월~금
  - 간헐적 단식 유지
  - 낮 강도 운동 or 산책 (공복 시 가능)
  - 스트레칭 + 야간 테라피 or 명상 (10분)
- 토~일
  - 클린이팅 데이: 가공식품·설탕·밀가루 배제
  - 정리 및 리셋 시간: 명상 + 일지 작성
  - 1회 정식 테라피 or 자기 회복 루틴 (마사지/반신욕 등)

■ 리셋 핵심 요소

영역	전략	설명
식사	뇌·심장·근육 중심 구성	신체 에너지 흐름에 맞춘 전략적 식단
단식	8시간 식사 창 + 16시간 공복	자가포식 유도, 세포 리셋
스트레스	야간 명상, 일지 쓰기, 마사지	감정 해독 + 회복력 향상
수면	저녁 고단백 식사 + 디지털 디톡스	깊은 수면으로 다음 날 에너지 충전
회복	주 1회 이상 전신 테라피 or 자기관리	누적 피로 해소, 호르몬 균형 회복

■ 변화 포인트 체크리스트

주차	목표	측정 기준
1~2주 차	단식 적응 + 식단 정착	공복 혈당 안정감, 무기력 해소 여부
3~4주 차	체중 변화 시작	체중·허리둘레 변화 기록
5~6주 차	집중력·기억력 상승	아침 두뇌 상태 자가평가
7~8주 차	몸·마음 리셋 완성	체력, 수면의 질, 감정 안정도

당신만의 클린리셋 이렇게 시작하라!

√ 하루 3식보다 하루 8시간 식사 창부터 시작
√ 저녁엔 가벼운 단백질 + 명상으로 회복 유도
√ 디톡스는 거창한 게 아니라 습관의 반복
√ 식단은 에너지 흐름을 설계하는 수단
√ 체중계 숫자보다 컨디션을 기준으로
√ 하루 하나의 자기관리 습관부터 시작하라

회장님 다이어트 간식 만들기

계란 카나페

　회장님이 가장 즐겨 드시던 건강 간식 중 하나가 바로 '계란 카나페'였다. 공식 만찬이나 일상 식사에서도 자주 등장했던 이 음식은 단순하면서도 영양가가 높아 바쁜 일정 속에서도 완벽한 영양 균형을 유지하는 데 도움이 되었다.

1. 계란 카나페가 특별한 이유

- 고단백, 저탄수화물 프로필로 에너지를 오래 유지
- 달걀노른자의 콜린 성분이 뇌 기능 활성화에 도움
- 다양한 토핑으로 맞춤형 영양소 추가 가능
- 간편하게 한입에 먹을 수 있어 회의 중에도 부담 없음

2. 계란 카나페 기본 레시피 (4인분 기준)

- 재료:

- 유기농 달걀 4개
- 그릭 요거트 2큰술
- 바질, 파슬리 등 신선한 허브 약간
- 올리브오일 1작은술
- 소금, 후추 약간
- 통밀 크래커 또는 얇게 썬 호밀빵

- 만드는 법:
- 달걀을 완숙으로 삶아 차가운 물에 식힌 후 껍질을 제거한다.
- 달걀을 반으로 잘라 노른자를 분리한다.
- 노른자에 그릭 요거트, 다진 허브, 올리브오일을 넣고 부드럽게 섞는다.
- 소금과 후추로 간을 한다.
- 달걀 흰자 위에 노른자 혼합물을 올리고, 크래커나 호밀빵 위에 얹는다.
- 신선한 허브나 연어알 등으로 장식한다.

- 특별 팁:
- 회장님을 위한 버전에는 항상 아보카도 슬라이스나 훈제 연어를 추가해 오메가-3 지방산을 보충했다. 또한 출장이 잦을 때는 미리 준비해 밀폐 용기에 보관했다가 이동 중에도 섭취할 수 있도록 했다.

 **청소년 운동 완벽 가이드**

재벌가에서도 실천하는 자녀 운동법

    재벌가 자녀들의 건강 관리를 담당하면서 깨달은 핵심은 의외로 단순했다. 그들도 일반 10대와 똑같은 고민을 안고 있었다.

    "운동이 중요한 건 알지만, 정말 지루해요!"

    성장기 청소년에게 운동은 선택이 아닌 필수다. 하지만 왜 그런지, 그리고 어떻게 운동을 즐겁게 만들 수 있는지 알아보자.

성장기 청소년, 운동이 반드시 필요한 이유

균형 잡힌 성장과 발달

    한창 자라나는 청소년기에 균형 잡힌 운동은 골격과 근육의 균형 발달을 돕는다. 연구에 따르면 12~16세 청소년이 정기적으로 운동할 경우 척추 건강이 크게 개선되며, 성장기 자세 불균형을 바로잡는 데 결정적인 역할을 한다. 한 연구는 주 3회 코어 중심 운동을 한 청소년들의 98%가 자세 개선 효과를 보았다고 보고했다.

학업 성취도 향상

"운동하면 공부할 시간이 줄어드는데요?" 이는 가장 큰 오해다. 하버드 의대의 연구에 따르면 규칙적인 유산소 운동은 뇌의 해마 부위를 발달시키고 새로운 뇌세포 생성을 촉진한다. 이는 기억력과 학습 능력 향상으로 직결된다. 2021년 발표된 연구에서는 아침 20분 운동을 실천한 학생들이 그렇지 않은 학생들보다 집중력 테스트에서 평균 24% 높은 점수를 기록했다.

스트레스 관리와 정서적 안정

입시 압박과 학업 스트레스로 가득한 청소년기에 운동은 최고의 스트레스 해소제다. 운동 중 분비되는 엔도르핀은 기분을 개선하고 불안감을 감소시킨다. 미국 청소년의학회 자료에 따르면 주 5회 30분 이상 운동하는 청소년들은 그렇지 않은 또래보다 우울증 발생률이 30% 낮았다. 특히 HIIT나 요가와 같은 운동은 스트레스 호르몬인 코르티솔 수치를 효과적으로 낮춰준다.

자신감과 사회성 발달

운동을 통한 작은 성취는 자신감으로 이어진다. 특히 팀 스포츠나 그룹 활동은 사회성 발달에 큰 도움이 된다. 청소년 심리학 연구에 따르면, 정기적인 단체 스포츠 활동에 참여하는 학생들은 리더십 능력과 갈등 해결 기술이 더 발달했으며, 학교 폭력 가해 또는 피해 경험도 현저히 낮았다. 개인 종목인 클라이밍이나 무술도 성취감을 통해 자기 효능감을 높이는 데 큰 도움이 된다.

평생의 건강 습관 형성

청소년기에 형성된 운동 습관은 평생의 건강 자산이 된다. 25년에 걸친

종단 연구에 따르면, 10대 시절 정기적으로 운동한 사람들은 성인이 된 후에도 생활 리듬을 유지할 확률이 70% 높았다. 또한 이들은 성인기에 비만, 당뇨, 심혈관 질환의 발병률이 크게 낮았다. 세계보건기구(WHO)는 "청소년기 형성된 건강한 생활 습관이 성인기 만성질환 예방의 가장 강력한 예측 인자"라고 강조한다.

청소년이 운동을 거부하는 진짜 이유와 해결책

문제 1: "운동이 너무 지루해요."
- 원인: 기존 운동 방식이 청소년의 흥미와 맞지 않음
- 해결책:
  - 청소년의 관심사와 운동을 연결하기 (게임 좋아하면 VR 피트니스, 음악 좋아하면 댄스 등)
  - 운동 중 좋아하는 음악이나 팟캐스트 들을 수 있게 허용
  - 목표 달성 시스템으로 게임처럼 만들기 (레벨업, 포인트 획득 등)

문제 2: "시간이 없어요. 공부해야 해요."
- 원인: 운동과 학업이 대립한다고 인식
- 해결책:
  - 짧지만 강도 높은 운동으로 시작 (10-15분 HIIT)
  - 공부 시간에 통합하기 (25분 공부 후 5분 스트레칭으로 '공부 효율' 높이기)
  - 실제 학업 성취 향상 사례 공유하기
  - 주말 한 시간 투자로 주중 스트레스 해소 효과 보여주기

문제 3: "잘 못하니까 창피해요."
- 원인: 능력 부족에 대한 두려움과 사회적 비교
- 해결책:
  - 개인 진보에 초점 맞추기 (타인과 비교 X)
  - 가족과 함께 안전한 환경에서 시작하기
  - 개인 레슨으로 기초부터 자신감 쌓기
  - "실패해도 괜찮아"라는 문화 만들기

문제 4: "운동하면 뭐가 좋은데요?"
- 원인: 운동의 즉각적인 혜택을 인식하지 못함
- 해결책:
  - 단기적 혜택 강조 (기분 개선, 에너지 상승, 집중력 향상)
  - 청소년이 중요시하는 측면과 연결 (외모, 자신감, 친구 관계, 학업 등)
  - 롤모델 활용하기 (좋아하는 연예인이나 운동선수의 운동 루틴 참고)

성장기 청소년을 위한 운동 접근법

즐거움 중심 접근법(30일 챌린지의 마법)

"30일 챌린지" 방식이 매우 효과적이었다. 스티커 차트를 만들어 매일 달성하면 스티커를 붙이고 일정 개수마다 보상을 받는 시스템이다. 미국 심리학 저널에 발표된 연구에 따르면 이러한 시각적 진행 표시와 보상 시스템은 청소년의 습관 형성에 87% 더 효과적이었다. 연구에 참여한 청소년 중 대부분이 처음에는 마지못해 참여했지만 2주 차부터는 스스로 일정을 체크하고 챌린지를 완료하기 위해 노력했다.

선택권 부여하기

"이것 해, 저것 해."가 아니라 "이 세 가지 중에 오늘은 무엇을 해볼래?" 식의 접근이 효과적이다. 청소년에게 통제감을 주어 자발적 참여를 유도한다.

사회적 연결 활용하기

청소년기는 또래 영향이 매우 큰 시기다. 친구와 함께하는 운동, 가족 단위 피트니스 챌린지, 온라인 커뮤니티 참여 등을 통해 동기부여를 강화할 수 있다.

디지털 기술 활용하기

스마트워치, 피트니스 앱, 게임형 운동 프로그램(닌텐도 링피트, 포켓몬 GO 등)을 통해 디지털 네이티브 세대의 관심을 끌 수 있다.

성장기 청소년의 운동은 신체 발달만큼이나 정신적, 사회적, 학업적 성장을 위한 필수 요소다. 아이가 "운동이 지루해요."라고 말할 때 우리는 "그럼, 어떻게 하면 재미있을까?"라고 물어보는 것부터 시작해 보자.

청소년의 마음을 움직이는 심리적 접근법

청소년에게 운동을 습관으로 만드는 가장 큰 열쇠는 심리적 접근에 있다. 운동을 단지 '해야 하는 일'로 인식하게 하는 순간 아이들의 마음은 닫히기 시작한다. 하지만 운동을 통해 작은 성장과 보람을 반복적으로 경험하게 하면 이야기가 달라진다. 운동을 시작할 때 아이에게 이런 말을 건네보자.

"이 운동은 네가 얼마나 잘하는지 평가하는 게 아니라 네가 얼마나 성장했는지를 보는 거야."

이러한 성장 마인드셋 접근법은 스탠퍼드 대학의 연구에서 청소년의 지속적인 활동 참여율을 42% 높인 것으로 나타났다. 그 작은 성취감이 쌓이면 아이의 뇌는 자연스럽게 운동을 '즐거움'으로 인식하게 된다. 그다음부터는 아이가 먼저 운동을 찾게 된다. 운동이란 결국 자기 자신과의 작은 약속을 지켜나가는 일이다. 부모나 트레이너의 역할은 그 약속을 지킬 수 있도록 아이의 마음에 작은 불씨를 심어주는 것이다. 지금 바로 아이에게 이렇게 말해보자.

"오늘부터 하루 5분, 딱 한 가지 운동만 해볼까? 끝나고 기분이 어땠는지 나한테 꼭 알려줘."

그 작은 질문과 관심이 아이의 마음을 움직이는 마법 같은 시작이 될 것이다.

청소년 운동의 5가지 황금 법칙

- **즐겁게**: 운동은 의무가 아닌 즐거움으로 접근해야 한다.
- **작게 시작**: 5분부터 시작해도 충분하다 - 지속성이 완벽함보다 중요하다.
- **선택권 제공**: "해야 한다"가 아닌 "어떤 것을 할래?"라고 물어보자.
- **성취감 강조**: 작은 성공을 크게 축하하고 기념하자.
- **인내심**: 평생의 습관은 하루아침에 만들어지지 않는다 - 꾸준함이 핵심이다.

운동은 단순히 신체를 바꾸는 것이 아니라 10대의 마음과 미래를 형성한다. 오늘 5분의 투자가 내일의 건강한 인생을 만든다.

부록 2

당신의 스타일,
그녀들의 스타일

 **당신의 스타일, 그녀들의 스타일**

당신은 어떤 스타일인가?

건강 관리는 단순한 다이어트가 아니라 평생 지속해야 할 라이프스타일이다. **네 명의 사모님들은 각기 다른 방식으로 건강을 유지했지만 한 가지 공통점이 있었다.** 바로 자신만의 원칙을 정하고 꾸준히 실천하는 것이었다.

- 목표를 시각화하는 '이미지 메이킹' 스타일
- 강한 마인드 컨트롤 & 근력 강화 스타일
- 몸과 마음을 함께 관리하는 '밸런스 & 힐링' 스타일
- 변화 속에서 꾸준함을 찾는 '다양성 기반 루틴' 스타일

모든 사모님 스타일 한눈에 보기

스타일	핵심 전략	운동 루틴 요약	특징
A 그룹 사모님	목표 시각화	유산소+근력+코어+음악	구체적 목표로 동기 강화
B 그룹 사모님	근력 & 디톡스	고강도 근력 운동+디톡스	강한 신체+정신단련
C 그룹 사모님	몸과 마음 밸런스	걷기+명상+독서+자연식	심신 조화와 힐링 강조
D 그룹 사모님	다양성 기반 루틴	요일별 운동+음악+글로벌 식단	변화 속 꾸준함 유지

나만의 스타일은 무엇인가?

이들의 성공 사례를 통해 드러난 핵심 원칙이 있다.

- 자신에게 맞는 건강 전략을 찾아라.
- 운동, 식단, 정신 건강을 함께 관리하라.
- 꾸준함을 최고의 무기로 삼아라.

어느 접근법이 가장 마음에 와닿는가? 마음이 움직이는 곳이 지금 시작해야 할 길이다.

건강 관리 유형 찾기

건강 관리는 단순히 운동만이 아니다. 당신에게 딱 맞는 스타일을 찾으면 더 오래, 더 즐겁게 그리고 더 꾸준히 실천할 수 있다. 아래 질문에 솔직하게 답해보자. 가장 많이 선택한 알파벳이 바로, 당신만의 건강 관리 스타일이다.

1. 운동할 때 가장 중요하게 생각하는 것은?
    a) 목표 달성 여부 (시각화 전략형)
    b) 한계 극복과 성장 (근력 강화형)
    c) 몸과 마음의 균형 (밸런스 & 힐링형)
    d) 새로운 경험과 재미 (다양성 루틴형)
2. 건강 관리가 어려울 때 나를 이끄는 동기는?
    a) 구체적인 목표 이미지 (시각화 전략형)

b) 나 자신과의 약속과 다짐 (근력 강화형)

   c) 전체적인 삶의 균형과 웰빙 (밸런스 & 힐링형)

   d) 다양한 시도와 변화 (다양성 루틴형)

3. 건강 관리를 포기하고 싶을 때 당신의 반응은?

   a) 내가 꿈꾼 모습을 다시 떠올린다. (시각화 전략형)

   b) 스스로 다잡으며 다시 일어선다. (근력 강화형)

   c) 쉬어도 괜찮다며 마음을 다독인다. (밸런스 & 힐링형)

   d) 새로운 운동이나 취미를 찾아본다. (다양성 루틴형)

최종 결론

당신에게 맞는 건강 관리법을 알았다면, 오늘부터 한 가지라도 실천해 보자. 건강은 거창한 계획이 아니라 작지만 꾸준한 선택에서 시작된다.

"건강을 관리하는 순간 당신은 이미 당신 인생의 최고 경영자가 된다."

4인 4색

재벌가 사모님들의
건강 관리 스타일 완전 분석

힙 핏 드레스 라인/ A 사모님 시크릿 프로젝트 4주~6주 가이드
강철 체력 파워 UP/ 우아한 피지컬 비밀 4주 가이드
몸과 마음의 힐링/ 균형 잡힌 웰니스 라이프 4주 가이드
예술처럼 사는 몸/ 일상에 감각을 더하는 건강 디자인 4주 가이드

힙 핏 드레스 라인

A 사모님 시크릿 프로젝트 4주~6주 가이드

이 프로그램은 '나만의 드레스핏'을 목표로 A 사모님의 성공 전략을 압축하여 쉽게 따라 할 수 있도록 구성되었다.

1단계: 마인드셋 & 동기부여 (변화의 시작)

- 나의 '드레스' 정하기: 가장 입고 싶은 옷(현재 2사이즈 작아도 OK)을 정하고, 매일 눈에 보이는 곳 (옷장 문, 거울 앞)에 걸어두자. 휴대전화 배경 화면도 좋은 방법이다.
- 아침/저녁 다짐: 매일 아침 드레스를 5초간 바라보며 "이 옷을 꼭 입을 거야!"라고 자신과 약속하자. 잠들기 전 3분간 드레스를 입은 자신을 상상하는 것도 좋다.
- 음악의 힘: 운동할 때 좋아하는 신나는 음악을 틀어 에너지를 높이고 지루함을 줄이자. 트레이너인 나도 운동할 때 음악이 없으면 힘들다.

2단계: 실루엣 디자인 운동 (4주 플랜)

A 사모님처럼 하체와 코어 강화에 집중하며 전신 균형을 잡는 프로그램이다. 집에서 맨몸 또는 물통/수건으로 충분하다. 독자들을 위해 초, 중급에 맞추었다.

■ 운동 전 필수: 웜업 (5분)

가볍게 제자리 걷기, 팔 돌리기, 다리 흔들기 등으로 몸을 풀어준다. 줄넘기, 팔벌려뛰기 등 쉽고 간편한 동작으로 시작하자.

■ 4주 주간 운동 스케줄:

- 아침 공복 유산소 (주 4~5회):
  - 1~2주 차: 빠르게 걷기 또는 가벼운 조깅 25~35분 (중간 강도)
  - 3~4주 차: 빠르게 걷기/조깅 또는 계단 오르기 40~45분 (중상 강도)

- 5~6주 차: 옵션 사항, 감량이 더 필요한 사람은 3~4주 차 기준으로 2주를 더한다. 50~60분
- 팁: 공복에 하면 체지방 연소 효과가 극대화된다. 야외 산책로를 이용해 지루함을 줄여보자. 아파트 단지를 걷는 것도 좋다. 운동 전 카페인 음료도 도움이 된다. (권장량 필수)

• 근력 운동 (주 3회):
- 각 운동 3세트 × 12~15회 반복. 초보자는 맨몸 또는 가벼운 물통/아령 활용
- 루틴 1 (하체 집중): 스쿼트, 런지, 힙 쓰러스트 (월요일 추천)
- 루틴 2 (상체 집중): 푸쉬업 (무릎 대고), 로우 (물통), 숄더 프레스 (물통) (수요일 추천)
- 루틴 3 (코어 & 전신): 플랭크, 레그레이즈, 러시안 트위스트 (금요일 추천)

• 코어 강화 운동 (매일 20분):
- A 사모님처럼 매일 꾸준히 하자. 운동하는 당신이 마음만은 재벌 사모님이다!
- 플랭크: 30~60초 유지 (3세트)
- 바이시클 크런치: 20회 (3세트)
- 짐볼 롤아웃 (or 수건으로 응용): 12회 (3세트)
  사이드 플랭크: 좌우 각 30초 (3세트)
- 레그 레이즈: 15회 (3세트)

■ **운동 후 필수: 쿨다운 (5분)**

운동 부위 스트레칭으로 마무리하고 물을 충분히 마시며 단백질(삶은 달걀 등)을 섭취하자.

3단계: 나를 위한 맞춤 식단 (4주 플랜)

다이어트는 '못 먹는 것'이 아닌 '내 몸에 좋은 것을 선택'하는 것이다. A 사모님 식단 핵심을 따라 해보자.

■ **식단 원칙:**
- 단백질: 매 끼니 손바닥 크기 정도 (닭가슴살, 생선, 두부, 계란)
- 복합 탄수화물: 현미, 오트밀, 고구마 등 적정량
- 채소 듬뿍: 매 끼니 다양한 채소.
- 건강 지방: 아보카도, 견과류, 올리브오일 소량
- 물: 하루 2L 이상 충분히 마시기

■ **4주 식단 예시 (매일):**
- 아침: 오트밀 + 블루베리 + 플레인 요거트 + 오믈렛
- 점심: 닭가슴살 샐러드 + 아보카도 + 고구마 소량
- 저녁: 안심스테이크 (또는 구운 생선) + 채소구이 + 견과류 소량
- 간식: 삶은 달걀/베리믹스 + 아몬드 10알 또는 그릭요거트
- 일요일: 주 1회 디톡스 주스 데이 (주스/물만 섭취 또는 가벼운 채소/과일 식단)

■ **상황별 대처 (간단 팁)**
- 단 음식 갈망: 5분 기다리기, 따뜻한 차 마시기
- 회식/외식: 사전에 메뉴 확인, 단백질 + 채소 위주 선택
- 정체기: 72시간 식단 기록, 칼로리/영양소 재조정

4단계: 요요 없는 체형 유지 (기록 & 마음 관리)

A 사모님처럼 체중계 숫자가 아닌 자신감 넘치는 모습에 집중하자.
- 변화 기록:
- 체중: 주 2회 (같은 요일/시간, 아침 공복)
- 체형 사진: 주 1회 (같은 장소/옷/포즈로 전신 촬영)
- 옷 맞음새: 2주 1회 목표 드레스 입어보기 (지퍼 올라가는 정도 등 구체적 기록)
- 운동/식단 일지: 매일 기록하여 스스로 성장 과정을 확인
- 정체기 대처: 정체기는 몸이 변화를 준비하는 자연스러운 과정이다. 잠시 운동 강도를 변경하거나 24시간 휴식 후 재개해 보자. 포기하지 않는 것이 가장 중요하다.
- 긍정적인 마음: 스트레스를 관리하고 (명상/산책/요가), 작은 성공에도 자신을 칭찬하며 자신감을 쌓아가보자.

강철 체력 파워 UP

우아한 피지컬 비밀 4주 가이드

근력, 에너지, 정신력까지 탄탄하게.

- 부위별 성장 로드맵 & 고급 테크닉 마스터: 근력 운동의 핵심인 부위별 집중과 점진적 발전을 명확히 제시한다.
- 독소 배출 & 활력 충전 식단/생활 습관: B 사모님의 디톡스 및 클린 이팅 전략, 그리고 생활 습관의 중요성을 강조한다.
- 흔들리지 않는 강인한 정신력 훈련: 마인드 컨트롤과 멘탈 강화 전략을 포함하여 정신적인 측면까지 아우르는 점이 탁월하다.

1단계: 마인드셋 & 목표 설정 (단단한 시작)

　B 사모님의 프로그램은 기초 체력 측정과 근력 테스트에서 시작되었다. 여러분도 명확한 목표를 설정하고 긍정적인 마음가짐으로 이 여정을 시작해 보자.

- 구체적인 근력 목표 설정: "스쿼트 10kg 증량", "푸쉬업 15개 달성", "플랭크 2분 유지"와 같이 수치화되고 측정이 가능한 단기 목표를 세우는 것이 중요하다. 이는 여러분의 노력을 더욱 집중시키고 동기를 부여할 것이다. (처음은 20초부터 시작하자)
- 운동 시각화 & 긍정적 자기 대화: 운동 전에 성공적인 수행을 머릿속으로 그려보자. 힘든 순간에는 "너무 무거워" 대신 "이 무게를 들 수 있어!"와 같은 긍정적이고 공격적인 문장으로 자신을 격려하는 연습을 하면 좋다.
- 성취 일지 기록: 작은 성공이라도 좋다. 무게 증가, 새로운 기술 습득 등 모든 돌파구를 기록해 보자. 이는 여러분의 자신감을 높여줄 것이다. (어플을 이용하면 효과적이다.)

2단계: 부위별 성장 로드맵 & 고급 테크닉 마스터 (4주 플랜)

　B 사모님의 프로그램처럼 하체와 상체 근력을 균형 있게 강화하고 코어 안정성을 높이는 데 집중한다. 점진적 과부하 원칙을 적용하여 지속적인 성장을 끌어낼 것이다.

■ 운동 전 필수: 웜업 (5~10분)

　가벼운 유산소 운동(제자리 걷기, 가볍게 뛰기)으로 몸의 온도를 높이고,

목, 어깨, 팔, 허리, 무릎 등 주요 관절을 10회씩 부드럽게 돌려 유연성을 확보한다.

■ 4주 주간 운동 스케줄:

- 근력 운동 (주 4회):
  - B 사모님처럼 상체 2회, 하체 2회로 나누어 진행하여 충분한 근육 회복 시간을 확보한다.
  - 모든 운동은 3세트 × 8~15회 반복을 목표로 한다. (추후 5세트 이상 높여라.)
  - 무게 설정: 처음 1~2주 차에는 맨몸 또는 경량 덤벨(2-5kg)로 정확한 자세를 익히는 데 집중한다. 3~4주 차에는 무게를 점차 증가시켜 근지구력 향상(3~4주 차) 및 근력 증가(5~6주 차)를 목표로 한다.
- 월요일: 하체 강화 (대형 근육 사용으로 칼로리 소모 및 호르몬 분비 효과적)
  - 스쿼트: 발은 어깨너비, 무릎은 발끝 방향, 엉덩이를 뒤로 빼며 내려간다. 가슴은 열고 척추 중립을 유지한다.
  - 런지: 큰 걸음으로 앞으로 나아가 앞무릎 90도, 뒷무릎 지면에 가깝게 유지하며 상체는 수직을 지킨다.
  - 힙 쓰러스트: 어깨를 벤치에 지지하고 발은 엉덩이 가까이 둔 후 골반을 높이 들어 올린다. 둔근 강화와 요통 예방에 효과적이다.
  - 데드리프트: (3주 차부터 기술 연습 후 무게 추가) 발은 골반 너비, 엉덩이를 뒤로 밀며 등은 평평하게 유지한 채 내려간다. 무릎과 엉덩이를 함께 사용하여 올린다.
- 화요일: 코어 강화 운동 (주 3~4회 진행이므로 화/목/토 또는 화/목/일 선택)

- 플랭크: 팔꿈치와 발끝으로 바닥을 지지하고 몸은 일직선 유지, 30~60초 유지
- 바이시클 크런치: 누운 상태에서 자전거 타듯 무릎과 팔꿈치를 교차 접촉, 20회씩 3세트
- 러시안 트위스트: 상체를 뒤로 기울여 V자를 만들고 좌우 회전 (맨몸 또는 1~2kg 물체 들고)
- 백 익스텐션 (슈퍼맨 동작): 엎드려 상체와 하체를 동시에 들어올리기, 12~15회씩 3세트

• 수요일: 상체 근력 (여성은 상체 근력이 약할 수 있어 점진적 접근 필요)
- 벤치 프레스 (덤벨): 어깨 블레이드 고정, 팔꿈치 90도까지 내림, 손목은 일직선 유지
- 덤벨 로우: 한쪽 무릎과 손으로 벤치(의자)를 지지하고 등은 평행 유지한 채 팔꿈치를 몸 옆으로 당긴다.
- 숄더 프레스 (덤벨): 복부와 코어 긴장, 손바닥은 전 방향으로 천천히 위로 뻗는다.
- 푸쉬업: 손은 어깨보다 약간 넓게, 팔꿈치는 45도 각도, 몸은 일직선 유지. (어렵다면 무릎 푸쉬업부터 시작)

• 목요일: 코어 강화 운동 20분 (화요일 루틴과 동일하게 진행)
• 금요일: 하체 강화 (월요일 루틴과 동일하게 진행)
• 토요일: 상체 근력 (수요일 루틴과 동일하게 진행)
• 일요일: 코어 강화 운동 20분 (화요일 루틴과 동일하게 진행) 또는 휴식 및 액티브 리커버리 (가벼운 걷기, 수영, 요가 등)

■ 운동 후 필수: 회복 최적화 가이드 (쿨다운 포함)
• 적절한 수면: 매일 7~9시간의 양질의 수면을 취하여 근육 회복과 호르

몬 균형을 돕는다.
- 폼 롤링 & 스트레칭: 주요 근육군을 5~10분씩 폼 롤러로 마사지하고 스트레칭하여 근막 이완 및 유연성을 증가시킨다. (가끔은 오일마사지, 지압, 테라피를 받아보자)
- 단백질 섭취: 운동 직후 (30분 이내) 단백질 쉐이크, 그릭 요거트 + 과일 등을 섭취하여 근육 회복과 글리코겐 보충을 돕는다. (바나나, 사과 추천)

3단계: 독소 배출 & 활력 충전 식단/생활 습관

B 사모님의 프로그램은 근력 운동만큼 디톡스와 클린 이팅을 중요하게 여겼다.

■ 디톡스 루틴 (매일/주 1회):
- 아침 공복: 따뜻한 레몬 워터 300ml 섭취로 소화기관 활성화 및 간 기능 촉진.
- 운동 전: 녹차 또는 마테차 섭취로 지방 산화 촉진 및 에너지 상승. (아메리카노 추천)
- 운동 후: 저당 채소 착즙 주스 섭취로 항산화물질 공급
- 추천 레시피: 그린 클렌저 (셀러리+오이+시금치+생강+레몬), 간 건강 부스터 (당근+레몬+사과).
- 취침 전: 허브티(캐모마일, 페퍼민트)로 소화 진정 및 숙면 도움.
- 주 1회 디톡스 클린 이팅 데이: 주스와 물만 섭취하거나, 채소/과일/견과류 위주로 가벼운 식단으로 장 휴식을 취한다.

■ 클린 식단 가이드:
- 단백질 (35~40%): 닭가슴살, 생선, 두부, 계란 흰자, 그릭 요거트 등. 가공육, 튀긴 고기, 훈제육은 제한
- 탄수화물 (25~35%): 현미, 퀴노아, 고구마, 귀리, 통곡물 등. 흰쌀밥, 흰빵, 파스타, 과자류는 제한
- 지방 (20~30%): 아보카도, 견과류, 올리브오일, 코코넛 오일 등. 트랜스지방, 마가린, 과도한 포화지방은 제한
- 채소: 녹색 잎채소, 브로콜리, 컬러풀 채소를 매 식사 접시의 절반씩 채워 먹는다.
- 과일: 베리류, 사과, 배, 감귤류 등을 하루 2~3회, 주로 오전에 섭취한다.
- 음료: 물 2L 이상, 허브티, 녹차, 무가당 차를 마시고 탄산음료, 과일 주스, 술은 제한한다.
- 클린 이팅 원칙: 식품 라벨을 확인하여 첨가물, 인공 감미료, 보존제를 최소화하고, 최대한 자연 상태에 가까운 유기농/무농약 식품을 선택하는 것이 좋다.

■ 근력 운동을 위한 식단 타이밍:
- 기상 직후: 레몬 워터 300~500ml.
- 운동 전 (1~2시간): 통곡물+단백질 조합 (소량)
- 운동 직전 (30분): 아이스아메리카노 (빠른 에너지 축간)
- 운동 직후 (30분 이내): 단백질 쉐이크, 그릭 요거트+과일 (단백질 20~30g)
- 식사 (운동 후 1~2시간): 단백질+채소+탄수화물로 균형 잡힌 완전한 식사 (중간)
- 취침 전 (1시간): 카제인 단백질 또는 달걀흰자 등 천천히 소화되는 단

백질 소량

4단계: 흔들리지 않는 강인한 정신력 훈련 & 유지 전략

  B 사모님의 프로그램은 멘탈 강화와 꾸준한 진행 상황 측정을 통해 장기적인 성공을 도모한다.

- 근력 향상 추적 시스템:
  - 주요 리프트 무게: 2주 1회, 8~10회 반복이 가능한 최대 무게를 측정하고 기록한다.
  - 신체 둘레: 2주 1회, 줄자로 가슴, 허리, 엉덩이, 허벅지, 팔뚝 둘레를 측정한다.
  - 체성분 분석: 월 1회 인바디 측정으로 체지방률, 골격근량, 기초대사량 변화를 확인한다.
  - 체력 테스트: 월 1회 1분 푸쉬업, 플랭크 유지 시간 등 기초 체력 테스트를 실시한다.
  - 팁: 항상 동일한 시간과 조건(아침 공복)에서 측정하고, 둘레 측정 위치를 표시하여 일관성을 유지한다.
- 마인드 컨트롤 & 멘탈 강화 전략:
  - 긍정적 자기 대화: 부정적인 생각을 긍정적인 문장으로 대체하는 연습을 한다.
  - 초점 만트라: "강함", "집중", "나는 할 수 있다"와 같은 짧은 문구를 반복하여 집중력을 높인다.
  - 마음 챙김 운동: 운동 중 현재 순간과 신체 감각(근육 수축, 호흡, 자세)에 의식적으로 집중한다.
  - 성취 일지: 작은 성공과 돌파구를 기록하여 동기를 부여한다.

- 일상생활 속 근력 유지 전략:
  - 마이크로 운동 세션: 사무실이나 재택근무 중 매시간 2분 스쿼트/푸쉬업/플랭크를 하여 신진대사를 유지하고 혈액순환을 돕습니다. 마이크로운동이란 말그대로 '작은 운동'으로, 틈날 때 가볍게 몸을 움직여 건강을 지키는 습관이다.
  - 계단 이용: 엘리베이터 대신 계단을 이용하고 두 계단씩 오르는 습관을 들인다.
  - 틈새 운동: TV 시청이나 전화 통화 중 스쿼트, 까치발 등을 실행하여 일상 속 근력을 강화합니다.
  - 활동적 만남: 사회적 모임 시 식사 대신 하이킹이나 테니스 같은 활동을 제안하여 지속적인 활동성을 유지한다. (골프도 좋으나 모임 후 회식은 피하자)

이 프로그램은 B 사모님의 '강철 몸만들기' 완전 가이드를 바탕으로 여러분이 4주 동안 근력과 에너지를 끌어올리고 강인한 정신력까지 단련할 수 있도록 설계되었다. 꾸준함이 가장 중요하며, 모든 과정에서 여러분의 건강과 행복을 최우선으로 생각하며 진행해 보자.

몸과 마음의 힐링

균형 잡힌 웰니스 라이프 4주 가이드 – 내면 평화와 바른 습관의 완성

C 사모님의 웰니스 라이프는 몸과 마음의 조화에 집중한다.
- 스트레스 제로 도전, 내면 평화 찾기: 마음 챙김 걷기, 단계별 명상, 의식적 독서 프로그램을 통해 스트레스를 줄이고 내면의 평화를 얻는 데 집중한다.
- 자연식 기반 건강 식단 & 기능성 운동 통합: 계절별 자연식과 마음 챙김 식사법으로 몸에 좋은 것을 선택하고, 기능성 움직임 과 유연성/이완, 코어/균형 운동을 통해 몸의 기능을 향상한다.
- 일상 속 웰니스 루틴 맞춤 설계: 스트레스 관리 도구, 수면 질 향상 전략, 삶의 균형 점검 등을 통해 일상에서 지속 가능한 웰니스 습관을 형성한다.

1단계: 스트레스 제로 도전, 내면 평화 찾기

C 사모님의 웰니스 여정은 마음 챙김과 내면의 평화에서 시작된다. 일상 속 스트레스를 줄이고, 오롯이 자신에게 집중하는 시간을 가져보자.
- 마음 챙김 걷기 (매일 10~15분)
  - 1~2주 차 (입문): 매일 10~15분, 편안한 페이스로 걷기 습관을 형성하고 스트레스를 초기 감소시킨다. 성과보다 꾸준함에 집중하는 것이 중요하다.
  - 3~4주 차 (적응): 20~30분으로 시간을 확장하고, 공원/숲길 등 자연환경을 선택하여 신체 리듬을 조정하고 수면 개선을 돕는다. 전자기기 없이 걷는 것이 핵심이다.
  - 세부 테크닉: 걸음마다 호흡에 집중하고, 주변의 새소리, 흙 향, 녹색 풍경을 의식적으로 느껴보자. '감사 걷기'(각 걸음마다 감사한 것 떠올리기)나 '바디스캔 워킹'(발끝부터 머리까지 신체 부위 순차적으로 알아차리기)을 시도해 보는 것도 좋다. 또한 종교가 있는 사람은 자기가 믿는 신과 말씀을 의지하며 걷는 것도 좋은 방법이다.
- 단계별 명상 프로그램 (매일 5~10분)
  - 1~2주 차 (1단계: 호흡 명상): 매일 5분씩 호흡에 집중하고 들숨·날숨을 느껴본다.
    주의력 향상과 초기 이완감을 느낄 수 있을 것이다. 조용한 공간에서 타이머를 활용해 보는 것도 좋다.
  - 3~4주 차 (2단계: 바디 스캔 명상): 매일 10~15분씩 발끝부터 머리까지 신체 각 부위를 순차적으로 관찰하며 몸의 긴장을 인식하고 이완하는 데 집중한다.
  - 상황별 미니 명상:

스트레스 순간: 'STOP 기법'(멈추고, 호흡하고, 관찰하고, 진행하기)을 1~2분간 시도하여 반응적 행동을 줄이고 현명하게 대응한다.
   식사 전: 1분간 음식 감사 명상으로 소화를 촉진하고 의식적인 식사를 준비한다.
   취침 전: 10분간 바디 스캔 릴랙세이션으로 수면의 질을 향상하고 하루를 마무리한다.
- 의식적 독서 (매일 10~20분)
  - 1~2주 차 (시작 단계): 매일 10분씩 방해 없는 독서 환경에서 짧은 작품을 읽으며 디지털 중독을 줄이고 집중력의 기초를 다진다.
  - 3~4주 차 (형성 단계): 매일 15~20분씩 동일 시간대에 독서를 하고 일지를 시작하여 습관화를 돕는다.
  - 팁: 읽기 전 의도를 설정하고 호흡을 정돈하며, 읽는 중에는 내면의 반응을 알아차리고 이미지화해 보자. 읽은 후에는 짧은 묵상, 핵심 문장 필사, 적용점 찾기로 깊이 있는 독서를 완성한다.

2단계: 자연식 기반 건강 식단 & 기능성 운동 통합

C 사모님처럼 자연식 기반의 식단으로 몸을 채우고, 일상생활에 도움이 되는 기능성 움직임을 통합하여 몸의 균형을 찾아간다.

■ 운동 전 필수: 웜업 (5분)
가볍게 팔다리를 흔들고, 목과 어깨를 돌리는 등 부드러운 움직임으로 몸을 준비시켜 준다.

■ **4주 주간 운동 스케줄:**
- **기능성 움직임 (주 3~4회, 각 20~30분):**
  - 일상 동작 개선 및 자세 교정을 목표로 한다.
  - 주요 동작: 스쿼트, 런지, 푸쉬업(벽이나 무릎 대고), 당기기(수건이나 밴드 활용), 몸통 회전 운동을 포함한다.
  - 예시 루틴:

    스쿼트: 3세트 × 12~15회 (의자에 앉듯 앉았다 일어서기, 동작이 어려운 사람은 뒤에 의자를 놓고 엉덩이가 살짝 터치하고 일어서면 된다.)

    런지: 3세트 × 10~12회 (양쪽 번갈아, 앞무릎 90도 유지)

    벽 푸쉬업 또는 무릎 푸쉬업: 3세트 × 10~15회

    수건 로우 (등 당기기): 3세트 × 12~15회 (수건 양 끝을 잡고 등 근육을 수축하며 당기는 동작, 밴드 이용도 가능)

    버드독: 3세트 × 10~12회 (좌우 번갈아, 코어 안정화)

- **유연성 & 이완 (매일 10~15분):**
  - 근육 긴장 완화와 관절 가동성 향상을 목표로 한다.
  - 주요 동작: 정적/동적 스트레칭, 폼롤링 (폼 롤러가 있다면 사용, 없으면 맨몸 스트레칭)을 포함한다.
  - 팁: 매일 아침 또는 운동 후에 온몸을 스트레칭하여 통증을 줄이고 혈액순환을 촉진한다.

- **코어 & 균형 (주 3회, 각 15~20분):**
  - 몸 중심 안정성 및 자세 개선을 목표로 한다.
  - 주요 동작: 플랭크 변형(기본 플랭크, 사이드 플랭크, 다리 들기 등), 균형 동작(한 발 서기, 워리어 자세 등), 필라테스 동작(헌드레드, 롤업 등)을 포함한다.
  - 팁: 요통 예방과 체형 변화에 효과적이므로 꾸준히 실천한다.

- 움직이는 명상 (주 2~3회, 각 20~30분):
- 신체-정신 연결, 에너지 흐름에 집중한다.
- 주요 동작: 태극권, 기공, 또는 느린 요가 흐름(유튜브 영상 참고)을 시도해 보자.
- 팁: 스트레스 감소, 집중력, 에너지 균형에 효과적이다.
- 자연 속 활동 (주 1~2회, 1시간 이상):
- 주말 등을 활용하여 하이킹, 정원 가꾸기, 자연 속 놀이 등 야외 활동을 통해 자연과 연결되고 감각을 활성화한다. 면역력 강화와 자연 치유 효과를 얻을 수 있다.

■ 식단 가이드: 계절별 자연식 & 마음 챙김 식사법

C 사모님은 계절별 자연식과 마음 챙김 식사법으로 몸의 균형을 맞췄다.

- 계절별 핵심 식재료 활용
- 봄 (1~2주간): 새싹 채소, 냉이, 달래 등 봄나물 위주로 가볍게 데치거나 생식하여 해독과 정화에 집중한다. (예: 봄나물 비빔밥, 나물 샐러드)
- 여름 (3~4주간): 오이, 토마토, 수박 등 수분 많고 시원한 채소/과일을 최소한의 조리로 섭취하여 수분 보충과 항산화에 집중했다. (예: 오이 냉국, 과일 스무디)
- 마음 챙김 식사 단계별 실천
- 식사 전 준비: 3회 깊은 호흡으로 심신을 정돈하고 음식에 감사 표현을 한다.
- 음식 관찰: 음식의 색, 향, 질감, 구성을 살피며 식욕을 적절히 자극한다.
- 첫입 의식: 첫 1~3입은 완전히 집중하여 맛의 감각을 깨우고 만족감을

높인다.
- 천천히 섭취: 한 입당 15~30회 정도 충분히 씹으며 소화를 돕고 식사량을 자연 조절한다.
- 식사 마무리: 그릇을 비운 후 잠시 고요히 앉아 포만감을 인식하고 감사하는 마음을 가진다.
- 핵심 원칙:
- 온전한 식품(Whole Foods): 최소 가공된 자연 상태 식품을 선호한다.
- 현지 & 제철: 지역에서 생산된 제철 식재료를 우선적으로 섭취한다.
- 5색 균형: 식사마다 다양한 색의 식품을 포함하여 다양한 영양소를 섭취한다.
- 80% 룰: 배고픔이 해소되고 포만감이 들기 시작할 때(80% 정도 찼을 때) 식사를 마무리한다.
- 1일 1식 단독 식사: 하루 한 끼는 홀로 전자기기 없이 오롯이 음식에 집중하는 시간을 가진다.

요일	운동 테마	감정몰입형 이름 예시	설명
월	마음의 준비와 호흡	고요로 여는 월요일	명상+스트레칭 중심
화	가벼운 전신 순환	흐름을 느끼는 화요일	림프 순환 & 호흡 동기화
수	코어+유연성	균형의 중심 수요일	코어 자극+짐볼 등 활용
목	휴식 또는 산책	자연과 걷는 목요일	산책+마음 정리 루틴
금	정렬 & 교정	내면을 정돈하는 금요일	자세 교정+느린 움직임
토	리듬감 있는 움직임	움직이는 명상 토요일	음악+흐름 운동 가능
일	쉼과 감정 회복	비워내는 일요일	명상+독서 루틴 제안

▲ 요일별 루틴 이름 붙이고 몰입하기 (예시)

3단계: 일상 속 웰니스 루틴 맞춤 설계

　C 사모님처럼 일상생활 속에서 스트레스를 관리하고 수면의 질을 높이며, 삶의 모든 영역에서 균형을 찾아가는 습관을 만들어간다.

- 스트레스 해소 및 정서 균형 전략
  - 급성 스트레스 시: 5-5-5 호흡법 (5걸음 들이마시고, 5걸음 유지, 5걸음 내쉬기), 즉각적인 가벼운 움직임, 감각 전환 (예: 시원한 물 마시기) 등으로 대응
  - 만성 스트레스 시: 규칙적인 운동, 자기 돌봄을 의식화하고 필요시 전문가의 도움을 고려한다.
  - 일상 감정 관리 도구함: 불안/두려울 때 심적 대화, 분노/좌절 시 시간적 거리 두기, 슬픔/상실감 시 감정 표현하기 등의 방법으로 감정을 관리한다.
  - 일일 실천: 아침에는 감사 3가지 적기, 점심에는 고요한 식사와 10분 자연 접촉, 저녁에는 하루 성찰과 긍정 경험 강화를 통해 감정의 균형을 유지한다.
- 수면의 질 향상 전략
  - 수면 준비 (취침 2시간 전): 블루라이트를 차단하고(스마트폰, TV 등) 가벼운 스트레칭을 하며 조명을 낮추고 실내 온도를 18~20℃로 조절하여 멜라토닌 생성을 촉진한다.
  - 수면 유도 (취침 30분 전): 전자기기를 멀리하고 조용한 독서나 감사 일기 작성을 통해 점진적으로 이완하고 수면으로 전환할 신호를 준다.
  - 일주기 리듬 조정: 주말 포함 일정한 취침/기상 시간을 유지하고 아침

에 자연광에 노출되어 신체 내부 시계를 안정화한다.
- 삶의 균형과 일상의 의식화
  - 영역별 균형 점검: 일/경력, 관계, 자기 성장, 육체적 웰빙, 정신 건강, 의미/목적 등 삶의 각 영역을 주기적으로 점검하고 부족한 부분은 조정 방법을 찾아 균형을 맞춘다.
  - 일상의 의식화 실천: 아침에 하루 의도 설정, 점심시간에 마음 상태 체크인, 저녁에 하루 성찰하기 등 매시간 의식적인 활동을 통해 삶의 질을 향상한다.

이 C 사모님의 [몸과 마음의 힐링] 균형 잡힌 웰니스 라이프 프로그램은 4주 동안 여러분이 몸과 마음의 조화를 이루고, 지속 가능한 건강한 습관을 만들 수 있도록 안내할 것이다. 조급해하지 않고 자신의 속도에 맞춰 꾸준히 실천하는 것이 중요하다.

예술처럼 사는 몸

일상에 감각을 더하는 건강 디자인 4주 가이드

지루함 없는 루틴이 오래 간다

D 사모님의 건강 디자인은 '지루함 없는 지속 가능성'에 초점을 맞추는 것이 포인트다.

- 요일별 운동 + 예술 루틴: 매일 다른 운동 유형과 클래식 음악, 시각 예술 등의 예술적 요소를 결합하여 지루함 없이 동기를 지속하고 신체 전반의 균형 발달을 추구한다.
- 감각적인 힐링 & 운동 효과 극대화: 계절별 제철 식재료와 글로벌 요리 탐험을 통한 다양성 기반 식단으로 미세 영양소 섭취를 늘리고, 식사의 즐거움을 통해 운동 효과를 극대화한다.
- 변화의 즐거움 & 새로운 자극을 위한 맞춤 전략: 신체 구성, 기능적 능력, 주관적 웰빙 등 다면적인 성과 측정을 통해 변화를 추적하고, 마인드셋 조정, 창의적 루틴 유지 시스템으로 지속적인 영감과 갱신을 이끌어낸다

1단계: 변화의 즐거움 & 새로운 자극을 위한 맞춤 전략!

D 사모님의 철학은 "지루함 없는 루틴이 오래 간다"이다. 매일 다른 운동과 예술적 요소를 통합하여 동기부여를 지속하고, 몸과 마음의 균형적인 발달을 추구한다.

- 다양성 유지: 7일간 서로 다른 운동 유형을 배치하여 지루함을 방지하고 신체 적응을 막는다.
- 예술적 통합: 운동과 클래식 음악, 시각 예술, 문학 등 예술적 요소를 결합하여 정신적 만족감과 지속 가능성을 높인다.
  - 클래식 음악: 음악 구조와 운동 흐름을 연결하여 자연스러운 강도 변화와 몰입감을 증가시킨다.
  - 시각 예술: 다채로운 식단 구성에 영감을 받아 영양 다양성과 시각적

만족감을 높인다.
  - 성악/발성: 호흡과 소리를 통해 신체를 활성화하고, 깊은 호흡 습관화 및 스트레스 해소를 돕는다.
- 변화 중심의 성과 측정: 단순히 체중계 숫자보다 신체 구성, 기능적 능력, 주관적 웰빙, 수행 능력 등 다양한 지표를 측정하여 다면적인 진전을 추적한다.
  - 주 1회 주관적 웰빙 평가: 에너지 수준, 수면의 질, 스트레스 인식 등을 평가하여 객관적 지표와 주관적 경험을 연계 분석한다.

2단계: 요일별 운동 + 예술 루틴 (4주 플랜)

D 사모님의 주간 운동 시스템은 다양성, 균형적 발달, 반복적 구조, 회복 시간 보장, 예술적 통합을 원리로 구성한다.

■ 운동 전 필수: 준비 음악 & 워밍업 (5~10분)

차분한 클래식 음악을 감상하며 전신 관절 가동 운동을 부드럽게 진행한다. 매주 다른 클래식 곡을 선택하여 새로운 영감을 얻어보자.

■ 4주 주간 운동 스케줄 상세 설명:

- 월요일: 근력 운동 - 기초 힘 구축의 날 (30~40분)
  - 활동: 주요 근력 훈련 (푸쉬업/렛풀다운/스쿼트/힙 운동 등 상황과 컨디션에 맞게 조합)
  - 강도: 3~4세트 × 8~12회, 중~고강도.
  - 월간 진행: 1주 차 덤벨 활용 기본 근력 동작 확립 → 2주 차 TRX 활용 복합 운동 중심 → 3주 차 밴드 활용 단순 관절 훈련 → 4주 차 자체

체중 + 도구 결합 훈련 → 마무리 정적 스트레칭, 폼롤러 이완 (근육당 30초 홀드)
- 측정 지표: 최대 횟수 추정치 (월간 테스트), 총 볼륨 (훈련 기록)

• 화요일: 골프 & 코어 - 회전력과 정밀함의 날 (총 45-60분)
- 활동: 골프 특화 워밍업 (동적 스트레칭, 회전 관절 가동), 골프 스윙 훈련 (폼 교정, 밸런스 강화), 코어 특화 운동 (짐볼 회전 코어, 사이드 플랭크, 지구력 운동)
- 강도: 스윙 훈련은 저항 점증, 코어 운동은 3세트 x 시간 기반(30-60초)
- 월간 진행: 기본 폼/밸런스 확립 (1주 차) → 파워/거리 향상 (2주 차) → 정밀도/숏게임 (3주 차) → 실전 시뮬레이션 (4주 차)
- 측정 지표: 스윙 속도, 코어 지구력 (플랭크 테스트). 골프 레슨과도 연계

• 수요일: 필라테스 - 정렬과 코어의 날 (총 50~60분)
- 활동: 센터링 & 호흡 (깊은 복식호흡), 주요 필라테스 시퀀스 (백라인 중심, 코어 활성화, 자세 교정), 롤다운 & 통합
- 강도: 움직임 중심, 6~10회 반복 (필라테스 시퀀스), 매우 느린 템포
- 월간 진행: 매트 필라테스 기본 (1주 차) → 소도구 활용 중급 (2주 차) → 대형 기구 활용 (3주 차, 가능 시 리포머) → 기능적 움직임/일상 통합 (4주 차)
- 측정 지표: 자세 평가 (정렬 체크리스트), 유연성 측정 (관절 가동 범위)

• 목요일: 요가 & 유산소 - 흐름과 지구력의 날 (총 50~60분)
- 활동: 요가 시작 & 의도 설정 (간단 명상, 산자세, 태양 인사), 주요 요가 시퀀스 (서기 자세, 밸런스, 유연성), 인터벌 유산소 (사이클/로잉/

댄스), 사바사나 & 통합
- 강도: 요가 자세당 3~5회 호흡 유지, 유산소는 고강도 30초 + 회복 60초 × 10~15회
- 월간 진행: 하타 요가 + 걷기/조깅 (1주 차) → 빈야사 플로우 + 사이클링 (2주 차) → 인 요가 + 댄스 카디오 (3주 차) → 아슈탕가 요가 + 로잉/계단 (4주 차)
- 측정 지표: 균형 테스트 (한 발 균형), 회복 속도 (심박수 회복 지표)

• 금요일: 교정 & 회복 - 균형과 재생의 날 (총 50-60분)
- 활동: 자세 평가 & 스캔 (동작 패턴, 불균형 체크), 교정 운동 & 근막 이완 (근막 트리거 포인트, 불균형 교정), 회복 특화 스트레칭, 회복 의식
- 강도: 교정 운동은 30~60초 유지 (통증 경계 아래), 스트레칭은 근육당 2분 접근
- 월간 진행: 상체 불균형 (1주 차) → 하체 & 고관절 (2주 차) → 척추 & 코어 안정화 (3주 차) → 전신 통합 & 에너지 흐름 (4주 차)
- 측정 지표: 통증 점수, 긴장도 평가 (주관적 평가)

• 토요일: 기능적 근력 - 실용적 파워의 날 (총 50~65분)
- 활동: 활동적 워밍업 (동적 움직임, 가벼운 서킷), 기능적 근력 훈련 (멀티플레인 동작, 복합 리프트), (복합 동작 연결, 전신 통합), 능동적 회복
- 강도: 기능적 훈련은 월요일과 다른 패턴/강도/볼륨
- 월간 진행: 서킷 트레이닝 (1주 차) → 지구력 트레이닝 (2주 차) → 대사 컨디셔닝 (3주 차) → 기능적 통합 (4주 차)
- 측정 지표: 기능적 동작 평가, 복합 동작 수행력 (움직임 패턴, 서킷 기록)

- 일요일: 예술적 통합 - 창의성과 표현의 날 (시간은 자유롭게)
  - 활동: 클래식 음악 감상 & 깊은 호흡 (명상적 접근), 성악 훈련 & 호흡 워크 (기술적 접근, 정밀 호흡 조절), 창의적 움직임 & 표현 (자유 움직임, 즉흥적 표현), 주간 통합 & 다음 주 의도 설정 (저널링, 성찰)
  - 강도: 명상적 접근, 느낌 기반, 구조적 자유
  - 월간 진행: 기본 호흡법 → 낭만주의 음악 & 감정 표현 → 현대 음악 & 통합적 성악
  - 측정 지표: 내적 성찰, 창의적 표현 일지

■ **운동 후 필수: 정적 회복 및 이완**

운동 후에는 가벼운 유산소, 정적 스트레칭 등으로 심박수를 점진적으로 감소시키고 호흡법과 통합하여 이완하는 시간을 갖는다.

3단계: 감각적인 힐링 & 운동 효과 극대화 식단

D 사모님의 식단 전략은 다양성 기반으로, 계절별 제철 식재료와 글로벌 요리 탐험을 통해 영양 균형과 식사의 즐거움을 동시에 추구한다.

■ 다양성 식단의 실천 원칙:
- 길러 스펙드림. 식사마다 최소 3가시 색상 포함하여 다양한 파이토뉴트리언트(식물만 가지고 있는 영양소) 섭취
- 제철 우선주의: 지역 농산물 시장 활용, 계절에 맞는 식재료 선택으로 최대 영양 함량과 환경친화적 식단 구성
- 요리법 다양화: 주간 로테이션으로 구이, 찜, 생식, 볶음 등 다양한 조리 방식을 활용하여 식단 흥미 유지 및 영양소 흡수율 향상

- 새로움 추구: 매주 한 가지 새로운 식재료를 시도하여 미세 영양소 다양성 및 식이 적응성 향상
- 맛의 밸런스: 각 식사에 5가지 맛(단맛, 짠맛, 신맛, 쓴맛, 감칠맛)을 균형 있게 포함하여 포만감 증가 및 과식 방지

■ 4주 식단 계획 (글로벌 요리 탐험 로테이션 기반)
- 1주 차: 지중해식 (생선, 토마토, 허브)
 - 예시: 그리스 샐러드, 구운 생선 타진, 라타투이
 - 건강 이점: 심혈관 건강, 항염증 효과
- 2주 차: 아시아식 (해조류, 생선, 발효식품, 차)
 - 예시: 미소된장국, 구운 생선, 김치, 차
 - 건강 이점: 소화 건강, 장수 지원 영양소
- 3주 차: 인도/중동식 (향신료, 콩류, 요거트, 통곡물)
 - 예시: 달(콩요리), 타히니, 커리, 타불레
 - 건강 이점: 항산화 효과, 소화 촉진, 해독
- 4주 차: 중남미식 (아보카도, 콩, 고추, 옥수수)
 - 예시: 과카몰레, 검은콩 스튜, 세비체
 - 건강 이점: 건강한 지방, 식이섬유, 항산화제

■ 식단 실천 팁:
- 식사 시간: 운동 단계별 음악 활용법처럼 식사 시에도 감각적 식사 의식을 가진다. 첫 세 입은 완전히 주의를 기울여 음미하고, 음식 배치의 시각적 아름다움도 신경 써보자. (특히 도자기 식기를 많이 사용했고 수저와 젓가락도 분위기에 맞게 준비했음)
- 음악과 식사의 통합: 식사 전에는 차분한 음악을 감상하여 마음을 정

돈하고, 식사 중에는 편안한 배경 음악을 선택하여 감각적 만족감을 높인다.

4단계: 변화의 즐거움 & 새로운 자극을 위한 맞춤 전략!

D 사모님처럼 건강을 과학이자 예술로 여기며 변화와 일관성의 균형을 통해 장기적으로 지속 가능한 라이프스타일을 설계한다.

- 변화-일관성 균형
  - 일간: 기본 일정 구조와 핵심 건강 습관은 일관되게 유지하고 세부 활동이나 강도, 초점은 변화를 준다.
  - 주간: 요일별 테마와 주간 의식은 일관되게 유지하고, 구체적 운동 내용이나 식단 변화를 통해 다양성을 더한다.
  - 월간: 전체 건강 영역 관리 및 측정 시스템은 유지하고 월간 테마, 집중 영역, 도전을 통해 새로움을 추구한다.
- 마인드셋 조정 기법
  - 변화에 대한 태도: 변화를 위협이 아닌 '모험'으로 인식하고 새로운 활동을 '실험'으로 프레이밍한다.
  - 성장 관점: 발전 일지 작성, 작은 성장 축하 등을 통해 과정 중심의 관점을 유지한다.
  - 완벽주의 관리: '완벽함' 대신 '충분히 좋음'으로 전환한다.
  - 실패 재해석: 실패를 배움의 기회로 재정의하고 학습을 추출하는 의식을 가진다.
- 창의적 루틴 유지 시스템
  - 테마가 있는 월간 주기: 매월 새로운 운동/건강 테마를 설정하고 특정 기술/영역에 집중하여 지속적인 새로움을 경험한다.

- 마이크로 챌린지: 2주 단위로 작은 단기 도전을 설정하여 성취감을 정기적으로 경험하고 동기를 유지한다.
  - 계절 의식: 계절 변화에 맞춘 특별 루틴(절기별 활동/의식)을 도입하여 자연의 리듬과 연결한다.
- 지속적 영감과 갱신 시스템
  - 예술/문화 탐험: 월 1회 새로운 문화적 경험을 통해 건강 영감을 추출하고 일지에 기록한다.
  - 자연 연결: 계절별 특별 자연 경험을 통해 자연에서 리듬/패턴을 학습하고 건강 습관에 적용한다.
  - 고요한 성찰: 주간 짧은 성찰, 반기별 심층 성찰 시간을 통해 개인 여정을 인식하고 의미와 목적을 재정의한다.

이 D 사모님의 [예술처럼 사는 몸]은 일상에 감각을 더하는 건강 디자인 프로그램이다. 4주 동안 여러분이 건강 관리의 지루함을 없애고, 새로운 자극과 즐거움을 통해 지속 가능한 웰니스 라이프를 만들어갈 수 있도록 안내할 것이다. 건강을 과학이자 예술로 여기며 다양성 속에서 나만의 리듬을 찾아보자.

부록 3

내가 원하는
내 몸 만들기 프로젝트

가이드

Project
Guide

드레스 프로젝트 가이드

1. 드레스 프로젝트 2개월 타임라인

시기	목표 및 기대 변화	주요 활동	조정 사항
시작 전	기초 체력 및 신체 측정	목표 설정, 드레스 구매, 식재료 준비	-
1주차	운동 습관 형성 (체중 1-2kg 감량)	25분 유산소, 기초 근력 운동 적응	운동 강도는 낮게, 습관 형성에 집중
2주차	식단 적응 완료 (체중 2-3kg 추가 감량)	35분 유산소, 근력 운동 강도 증가	단 음식 갈망 대처법 실천
3-4주차	체력 향상 (체중 3-4kg 추가 감량)	45분 유산소, 본격적인 근력 운동	정체기 발생 시 운동 루틴 변경
5-6주차	근력 증가 확인 (체지방 감소)	50분 유산소, 고강도 인터벌 추가	식단 다양화, 영양소 균형 재조정
7-8주차	체형 완성 (최종 목표 달성)	유지 운동, 드레스 피팅 연습	장기 유지 전략 수립

2. 목표 설정 및 시각화 전략

전략	구체적 실천 방법	효과
드레스 구매	목표 체형에 맞는 드레스 미리 구매 (현재보다 2사이즈 작게)	구체적이고 시각적인 목표 설정
시각화 위치	옷장 문, 거울 앞, 침대 맞은편 등 매일 볼 수 있는 곳에 배치	일상적 상기 및 동기부여
휴대폰 배경화면	드레스 사진 또는 목표 이미지를 배경화면으로 설정	수시로 목표 상기
아침/저녁 의식	하루 시작과 마무리에 드레스를 5초간 바라보며 자신과 약속	심리적 의지 강화

주간 피팅	매주 같은 요일에 드레스 입어보기 (처음엔 입히기만 해도 OK)	진전 상황 확인 및 동기부여
성공 시각화	잠들기 전 3분간 드레스 입은 자신의 모습 상상하기	잠재의식에 목표 각인

3. 운동 프로그램 상세 가이드

3.1 유산소 운동 플랜

주차	빈도	시간	강도	유형
1-2주차	주 4회	25-35분	중간 (심박수 120-130)	트레드밀 워킹, 파워워킹
3-4주차	주 5회	40-45분	중상 (심박수 130-140)	인터벌 워킹/조깅, 계단 오르기
5-8주차	주 5회	50분	고강도 (심박수 140-150)	HIIT, 스피닝, 러닝

유산소운동TIP:

- 아침 공복 상태에서 진행 시 체지방 연소 효과 극대화
- 주변 산책로, 계단, 공원 등 다양한 환경에서 진행하여 지루함 방지
- 심박수 모니터링으로 적정 운동 강도 유지

3.2 근력 운동 세부 계획 (주 3회)

운동 부위	운동 종류	세트/횟수	무게 설정	주의사항
하체	스쿼트, 런지, 힙쓰러스트	3세트 x 12-15회	초보: 체중 / 중급: 3- 5kg	허리 중립 유지, 무릎 정렬 확인
상체	푸쉬업, 로우, 숄더 프레스	3세트 x 12-15회	초보: 3kg / 중급: 5- 8kg	어깨 통증 시 즉시 중단
코어	플랭크, 레그레이즈, 러시안 트위스트	3세트 x 30-60초	체중 또는 메디신볼	복부 긴장 유지, 호흡 규칙적으로

코어 운동 상세 가이드:

플랭크 - 팔꿈치와 발끝으로 바닥을 지지, 몸은 일직선 유지, 30-60초 유지
바이시클 크런치 - 누운 상태에서 자전거 타듯 무릎과 팔꿈치 교차 접촉, 20회 x 3세트
짐볼 롤아웃 - 짐볼에 팔을 올리고 몸을 앞으로 밀며 복부 긴장, 12회 x 3세트
사이드 플랭크 - 측면 플랭크 자세로 허리 옆라인 강화, 좌우 각 30초 x 3세트
레그레이즈 - 누워서 다리를 들어올리고 천천히 내리기, 15회 x 3세트

4. 음악 활용 전략

운동 유형	음악 스타일	BPM	추천 장르/아티스트	효과
고강도 운동	빠른 비트, 강한 리듬	140-170	EDM, 힙합, K-pop 댄스곡	에너지 상승, 운동 강도 증가
꾸준한 유산소	일정한 비트	120-140	팝, R&B, 댄스	페이스 유지, 지구력 향상
근력 운동	중간 템포, 강한 비트	100-130	록, 펑크, 메탈	집중력 향상, 힘 발휘
스트레칭/명상	잔잔한 멜로디	60-80	클래식, 뉴에이지, 자연의 소리	이완, 스트레스 감소

플레이리스트 예시 (각 운동별 5곡):

- 고강도: "Timber" (Pitbull), "Eye of the Tiger" (Survivor), "Dynamite" (BTS), "Physical" (Dua Lipa), "Power" (Kanye West)
- 유산소: "Blinding Lights" (The Weeknd), "Uptown Funk" (Mark Ronson), "Dance Monkey" (Tones and I), "Don't Start Now" (Dua Lipa), "Levitating" (Dua Lipa)
- 근력: "Stronger" (Kanye West), "Believer" (Imagine Dragons), "Till I Collapse" (Eminem), "Thunder" (Imagine Dragons), "Whatever It Takes" (Imagine Dragons)
- 스트레칭: "Experience" (Ludovico Einaudi), "River Flows In You" (Yiruma), "Weightless" (Marconi Union), "Clair de Lune" (Debussy), "Rain Sounds with Piano"

5. 식단 관리 종합 가이드

5.1 주간 식단 플랜

요일	아침	점심	저녁	간식
월	오트밀+블루베리+요거트	닭가슴살 샐러드+아보카도	생선구이+브로콜리찜	사과+아몬드 10알
화	삶은 달걀+통밀빵+아보카도	두부 스테이크+잡곡밥	수 안심+구운 채소	그릭요거트+견과류
수	그릭요거트+바나나+치아씨드	현미밥+연어포케	닭가슴살+퀴노아샐러드	당근스틱+호무스
목	프로틴 스무디+아몬드	잡곡밥+두부김치찌개	콩고기버거+샐러드	삶은계란+방울 토마토
금	계란프라이+통밀토스트	현미김밥+미소 된장국	돼지안심+야채 구이	베리믹스+플레인요거트
토	단백질팬케이크+블루베리	쌀국수+닭가슴살	소고기 스테이크+샐러드	오렌지+호두

일	디톡스 주스 데이 - 주스와 물만 섭취하거나, 채소/과일 위주 가벼운 식단으로 장 휴식			

5.2 식단 원칙과 영양 균형

영양소	비율	주요 공급원	효과
단백질	30-35%	닭가슴살, 생선, 두부, 계란	근육 유지, 포만감 증가
건강한 지방	25-30%	아보카도, 올리브오일, 견과류	호르몬 균형, 피부 건강
복합탄수화물	35-40%	현미, 오트밀, 고구마, 퀴노아	지속적 에너지 공급
식이섬유	25-30g/일	채소, 과일, 견과류, 전곡류	소화 건강, 포만감 유지

5.3 상황별 식단 대처법

상황	대처법	대체 음식 추천
단 음식 갈망	5분 기다리기, 따뜻한 차 마시기	다크초콜릿(1-2조각), 냉동 포도, 시나몬 사과
회식/외식	사전에 메뉴 확인, 단백질+채소 위주	샐러드+그릴 단백질, 곁들임으로 튀김 대신 찐 채소 요청
폭식 충동	명상 호흡, 따뜻한 물, 산책하기	단백질 스낵, 채소 스틱+소스, 차
여행/출장	휴대용 단백질 스낵 준비, 수분 섭취	삶은 계란, 프로틴 바, 견과류 믹스
정체기	72시간 식단 기록, 칼로리/영양소 재조정	식단 중 1식을 단백질+채소로만 구성

6. 진행 상황 측정 및 기록 시스템

측정 항목	빈도	방법	기록 팁
체중	주 2회 (같은 요일, 시간)	아침 공복, 화장실 다녀온 후	일별 변동에 연연하지 말고 주간 평균 추이 관찰
체형 사진	주 1회	같은 장소, 조명, 옷, 포즈로 전신/측면	얼굴 제외하고 목부터 발끝까지, 밝은 배경
신체 치수	2주 1회	가슴, 허리, 엉덩이, 허벅지, 팔뚝	항상 같은 위치 측정 (표시 권장), 아침에 측정
체지방/ 근육량	2주 1회	인바디 또는 체성분 측정기	생리 전후는 피하고 같은 조건에서 측정
운동 능력	월 1회	기초 체력 테스트 (1분 스쿼트, 플랭크 유지 등)	구체적 수치 기록, 이전과 비교
드레스 맞음새	2주 1회	같은 날 저녁, 식후 2시간 후	지퍼 올라가는 정도, 타이트한 부위 기록

체형 사진 촬영 가이드:

- 밝은 단색 배경, 자연광 선호
- 몸에 붙는 운동복 착용 (색상 일관되게)
- 전면, 측면, 후면 세 가지 포즈 유지
- 삼각대 사용, 전신이 모두 나오게 설정
- 같은 시간대, 같은 장소에서 촬영
- 변화를 확인하기 위해 사진 비교 앱 활용

7. 문제 상황별 대처 가이드

문제 상황	원인	대처법	예방책
정체기	대사 적응, 수분 정체, 운동 효율 감소	1) 3일간 운동 강도 변경 2) 탄수화물 섭취량 조절 3) 24시간 휴식 후 재개	2-3주마다 운동 루틴 변경, 식단 약간 변화
운동 의욕 저하	지루함, 피로, 결과 지연	1) 운동 종류 완전히 바꾸기 2) 운동 파트너 구하기 3) 드레스 재시도, 목표 재확인	다양한 운동 로테이션, 소셜 요소 추가
식이 유혹/폭식	스트레스, 사회적 압박, 생리 전 증후군	1) 마음 챙김 식사법 실천 2) 허용 간식으로 대체 3) 감정 일기 쓰기	계획된 치팅데이, 감정 대응 전략 수립
과도한 피로/통증	과훈련, 영양 부족, 수면 부족	1) 2-3일 적극적 휴식 2) 단백질 섭취 확인 3) 수면 시간 증가	운동 후 스트레칭, 충분한 휴식, 회복식
스트레스 증가	다이어트 압박, 외부 요인	1) 명상/요가 15분 2) 숲 산책 3) 욕조 입욕	주간 스트레스 해소법 계획, 마인드풀니스 습관화

8. 성공 후 유지 전략 (2개월 이후)

영역	유지 전략	추가 팁
운동	주 3-4회 45분 운동 유지	다양한 운동으로 즐거움 유지 새로운 신체 목표 설정
식단	80/20 원칙 (80% 건강식, 20% 자유)	식사 일기 유지, 체중 증가 시 즉시 조정
측정	주 1회 체중 확인, 월 1회 체형 사진	계절별 건강검진으로 내부 건강 확인
동기부여	새로운 전략 목표 드레스/의상 설정	다른 생활 영역으로 성공 경험 확장
정신 건강	바디 포지티브 마인드셋 유지	건강을 우선시하는 자기 대화 습관화

나만의 드레스 프로젝트 시작하기 워크시트

나의 '드레스'는? (구체적 목표 설정)
- 목표 이벤트/날짜: _____
- 구체적 목표 아이템: _____
- 현재와의 차이: _____

내 체형과 건강 현황 (정직한 현재 상태 평가)
- 현재 신체 측정치: _____
- 건강 우려사항: _____
- 강점/약점: _____

나만의 동기부여 시스템 (개인화된 전략)
- 시각화 방법: _____
- 보상 시스템: _____
- 위기 대처법: _____

실천 계획 (현실적 일정)
- 주간 운동 계획: _____
- 식단 준비 전략: _____
- 주간 체크인 시간: _____

"드레스 프로젝트는 단순한 다이어트가 아닌,
자신과의 약속을 지키는 여정입니다."

강철 몸 프로젝트 가이드

1. 근력 중심 운동 프로그램 타임라인

시기	목표 및 기대 변화	주요 활동	조정 사항
시작 전	기초 체력 측정, 근력 테스트	목표 설정, 자세 교정 연습, 운동복 준비	-
1-2주차	기본 동작 익히기, 근육 적응	경량 덤벨로 기본 동작, 자세 완성	무게보다 정확한 자세에 집중
3-4주차	근지구력 향상 (기초 근력 형성)	무게 증가, 8-12회 반복 3세트	근육통 관리, 충분한 단백질 섭취
5-6주차	근력 증가 (기초대사량 상승)	무게 추가 증가, 복합 운동 도입	정체기 시 운동 변수 조정
7-8주차	근육 밀도 증가, 체형 변화	고강도 세트, 슈퍼세트 도입	회복 시간 조정, 영양 최적화
3개월 차	확실한 근력 향상 (기능적 강화)	다양한 운동 기법 시도, 주기화 프로그램	개인별 강점에 따른 맞춤 운동
6개월 차	전신 근력 완성, 운동 습관화	종합적 근력 루틴 정착, 장기 계획 수립	유지 전략 설계

2. 근력 운동 세부 프로그램

2.1 하체 강화 운동 (주 2회)

	주차별 진행	세트/횟수	올바른 자세 포인트	효과
스쿼트	1-2주: 맨몸 3-4주: 10kg 바벨 5-8주: 20-30kg 3개월+: 체중 이상	3세트 x 12-15회	• 발은 어깨 너비 • 무릎은 발끝 방향 • 엉덩이를 뒤로 빼며 내려감 • 가슴은 열고 척추 중립	전체 하체 근력, 코어 강화, 기초 대사량 증가

운동	주차별 진행	세트/횟 수	올바른 자세 포인트	효과
런지	1-2주: 맨몸 3-4주: 덤벨 3kg 5-8주: 덤벨 5-8kg	3세트 x 10-2회(양쪽)	• 큰 걸음으로 앞으로 나감 • 앞 무릎90도, 무릎 지면 가까이 • 상체는 수직 유지	대퇴근, 둔근, 햄스트링, 균형감각
데드리프트	1-2주: 기술 연습 3-4주: 10- 15kg 5-8주: 20-40kg 3 개월+: 체중 이상	3세트 x 8-10회	• 발은 골반 너비 • 엉덩이를 뒤로 밀며 내려감 • 등은 평평하게 • 무릎과 엉덩이 함께 올림	전신 근력, 후면 체인, 코어 강화
힙쓰러스트	1-2주: 맨몸 3-8주: 바벨/덤벨 추가 3개월+: 편측 운동 도입	3세트 x 15-20회	• 어깨는 벤치에 지지 • 발은 엉덩이 가까이 • 골반을 높이 들어올림	둔근 강화, 요통 예방, 하체 라인 개선

하체 운동 TIP:

- 하체 운동은 대형 근육을 사용하므로 칼로리 소모와 호르몬 분비에 효과적
- 스쿼트와 데드리프트는 무게 증가 시 반드시 자세 점검 필요
- 여성의 경우 하체 근력이 상대적으로 강할 수 있어 더 빠른 진전 가능

2.2 상체 근력 운동 (주 2회)

운동	주차별 진행	세트/횟 수	올바른 자세 포인트	효과
벤치 프레스	1-2주: 5kg 덤벨 3-4주: 8kg 덤벨 5-8주: 10-15kg	3세트 x 10-12회	• 어깨 블레이드 고정 • 팔꿈치 90도까 지 내림 • 손목은 일직선 유지	가슴, 삼두, 어깨 전면 강화
덤벨 로우	1-2주: 5kg 3-4주: 8-10kg 5-8주: 12-15kg	3세트 x 12회	• 한쪽 무릎과 손으로 벤치 지지 • 등은 평행 유지 • 팔꿈치는 몸 옆으로 당김	등 근육, 이두, 후면 어깨 강화
숄더 프레스	1-2주: 3kg 3-4주: 5kg 5- 8주: 8-10kg	3세트 x 10-12회	• 복부와 코어 긴장 • 손바닥은 전방 향함 • 완전히 위로 뻗음	어깨, 삼두, 상체 안정성
푸쉬 업	1-2주: 무릎 푸쉬업 3-4주: 정 식 푸쉬업 5-8주: 다양한 변형	3세트 x 최대 반복	• 손은 어깨보다 약간 넓게 • 팔꿈치는45도 각도 • 몸은 일직선 유지	가슴, 삼두, 코어 강화

상체 운동 TIP:

- 여성의 경우 상체 근력이 하체보다 약할 수 있어 점진적 접근 필요
- 푸쉬업이 어려울 경우 무릎 푸쉬업부터 시작하여 점차 발전
- 상체 운동 후 가슴과 등의 스트레칭으로 유연성 유지

2.3 코어 강화 운동 (주 3-4회)

운동	설명	세트/시간	난이도 진행	효과
플랭크	팔꿈치와 발끝으로 몸 지지, 일직선 유지	초보: 30초 x 3 중급: 60초 x 3 고급: 90초+ x 3	1-2주: 기본 플랭크 3-4주: 교대 다리 들기 5-8주: 사이드 플랭크 추가	코어 전체 안정화, 자세 개선
러시안 트위스트	상체를 뒤로 기울여 V자 만들고 좌우 회전	3세트 x 20-30회	1-2주: 맨몸 3-4주: 1-2kg 물체 들고 5-8주: 무게 증가	복사근, 허리 회전근 강화
행잉 레그레이즈	바에 매달려 다리 들어올리기	3세트 x 10-15회	1-2주: 무릎 굽혀 들기 3-4주: 편 다리로 5-8주: 천천히 내리기	하복부, 고관절 굴곡근 강화
백 익스텐션	엎드려 상체와 하체 동시에 들어올리기	3세트 x 12-15회	1-2주: 상체만 3-4주: 상하체 동시에 5-8주: 홀드 추가	등 하부, 둔근, 척추 안정화

코어 운동 상세 가이드:

— 플랭크 변형 : 기본 플랭크 자세에서 한쪽 다리 들기, 팔 뻗기, 교대로 손을 어깨 터치하는 등 다양한 변형으로 난이도 조절
— 척추 건강 운동 : 캣-카우 스트레치, 버드독, 슈퍼맨 등으로 척추 움직임과 안정성 향상
— 다이나믹 코어 : 마운틴 클라이머, 버피, 메디신볼 회전 등 동적 움직임으로 기능적 코어 강화
— 호흡과 연결 : 모든 코어 운동 시 호흡과 복부 드로잉 연결하여 심부 근육 활성화

3. 근력 운동 효과 극대화 전략

전략	설명	적용 방법	기대 효과
점진적 과부하	무게, 반복 횟수, 세트 수를 점진적으로 늘림	2주마다 5-10% 무게 증가 또는 반복횟수 2-3회 추가	지속적 근력 향상, 근육 성장 자극
복합 운동 우선	여러 관절을 사용하는 대근육 운동 먼저 실시	스쿼트, 데드리프트, 벤치프레스를 세션 초반에 배치	효율적 시간 활용, 더 많은 칼로리 소모
슈퍼세트 기법	휴식 없이 두 가지 운동을 연속 실시	상반된 근육군(가슴+등) 또는 같은 근육군 연속 자극	시간 효율성, 근지구력 향상, 대사 촉진
템포 조절	들어올리는(1초), 내리는(2-3초) 속도 통제	특히 내리는 단계(원심성) 천천히 실시	근육 자극 시간 증가, 근비대 촉진

| 마인드-머슬 연결 | 움직임 시 사용 중인 근육 의식적 집중 | 운동 전 사용할 근육 시각화, 운동 중 해당 근육 인지 | 목표 근육 활성화 증가, 효율적 트레이닝 |

근력 운동 고급 기법 (3개월 이상 훈련 후):

- 드롭 세트 - 무게를 점차 줄이며 한계까지 수행
- 부분 반복 - 가장 어려운 구간만 집중적으로 반복
- 네거티브 반복 - 내리는 단계를 매우 천천히 실시
- 클러스터 세트 - 세트 중간에 짧은 휴식 삽입

4. 디톡스 & 클린 이팅 프로그램

4.1 디톡스 루틴

시간	디톡스 전략	효과	실천 팁
아침 공복	따뜻한 레몬워터 300ml	소화기관 활성화, 간 기능 촉진	실온 물에 신선한 레몬 반쪽 즙 + 약간의 꿀
운동 전	녹차 또는 마테차	지방 산화 촉진, 에너지 상승	카페인에 민감한 경우 오후 3시 이후 피함
운동 후	저당 채소 착즙 주스	항산화물질 공급, 알칼리화	기본 조합: 셀러리+오이+시금치+사과(소량)
취침 전	허브티(캐모마일, 페퍼민트)	소화 진정, 숙면 도움	식사 후 2시간 뒤, 천천히 마시기
주간 루시틴간	주 1회 클린 이팅 데이 디톡스 전략	소화기관 휴식, 독소 배출 효과	육류 제외, 채소/과일/견과류 위주 식단 실천 팁

디톡스 주스 레시피:

그린 클렌저: 셀러리 2대 + 오이 1개 + 시금치 한 줌 + 생강 한 조각 + 레몬 반쪽
간 건강 부스터: 사탕무 1개 + 당근 2개 + 레몬 반쪽 + 사과 반개
항염증 토닉: 파인애플 1/4개 + 강황 한 조각 + 셀러리 1대 + 오이 반개

4.2 클린 식단 가이드

식품 카테고리	권장 식품	제한 식품	주간 섭취 빈도
단백질	닭가슴살, 생선, 두부, 계란 흰자, 그릭 요거트	가공육, 튀긴 고기, 훈제육	매 식사마다 손바닥 크기
탄수화물	현미, 퀴노아, 고구마, 귀리, 통곡물	백미, 흰빵, 파스타, 과자류	운동 전후 주로 섭취

지방	아보카도, 견과류, 올리브오일, 코코넛 오일	트랜스지방, 마가린, 과도한 포화 지방	하루 총 칼로리의 25-30%
채소	녹색 잎채소, 브로콜리, 컬러풀 채소	튀긴 채소, 소금에 절인 채소	매 식사 접시의 절반
과일	베리류, 사과, 배, 감귤류	통조림 과일, 과일 주스, 당 첨가 과일	하루 2-3회, 주로 오전 에
음료	물, 허브티, 녹차, 무가당 차	탄산음료, 과일 주스, 알코올	물 2L 이상/일, 차 2-3잔

클린 이팅 원칙:

- 식품 라벨 확인: 첨가물, 인공 감미료, 보존제 최소화
- 유기농/무농약 식품 우선: 농약, 항생제, 호르몬 노출 감소
- 가공 정도: 최대한 자연 상태에 가까운 식품 선택
- 포장 색상 규칙: 다양한 색의 과일/채소로 다양한 영양소 섭취

4.3 근력 운동을 위한 식단 타이밍

시간	권장 식품	영양소 초점	양
기상 직후	레몬워터	수분, 소화 활성화	300-500ml
운동 전 (1-2시간)	통곡물+단백질 조합	복합 탄수화물, 단백질	소량-중간
운동 직전 (30분)	바나나, 사과, 소량 견과류	빠른 에너지원	소량
운동 직후 (30분 이내)	단백질 쉐이크, 그릭 요거트+과일	단백질, 빠른 탄수화물	단백질 20-30g
식사 (운동 후 1-2시간)	완전한 식사 (단백질+채소+탄수화물)	균형 잡힌 영양소	중간-많음
취침 전 (1시간)	카제인 단백질, 코티지 치즈, 견과류	천천히 소화되는 단백질	소량

근력 운동 영양 전략:

- 운동 전: 에너지 공급 위한 탄수화물 + 적당한 단백질
- 운동 후: 근육 회복 위한 단백질 + 글리코겐 보충 탄수화물
- 하루 단백질 목표: 체중 1kg당 1.6-2g (근력 운동 시)
- 훈련 강도에 따라 탄수화물 조절: 고강도일수록 더 많은 탄수화물 필요

5. 진행 상황 측정 및 목표 설정

5.1 근력 향상 추적 시스템

측정 항목	측정 방법	측정빈도	기록 포인트
주요 리프트 무게	8-10회 반복 가능한 최대 무게	2주 1회	스쿼트, 데드리프트, 벤치프레스 등 주요 운동
신체 둘레	줄자로 측정	2주 1회	휴식 상태와 근육 수축 시 모두 측정
체성분 분석	인바디 측정	월 1회	체지방률, 골격근량, 기초대사량 변화
체력 테스트	1분 푸쉬업, 플랭크 유지 시간 등	월 1회	동일 조건에서 측정, 수치 기록
에너지 레벨	1-10 척도 자가 평가	주 1회	운동 전/후, 하루 중 에너지 변화

신체 측정 정확한 방법:

- 동일한 시간, 조건에서 측정 (아침 공복 권장)
- 둘레 측정 위치 표시 (매직펜 활용)
- 장력 일관되게 유지 (너무 느슨하거나 꽉 조이지 않게)
- 최소 2회 측정 후 평균값 기록

5.2 목표 설정 프레임워크

목표 유형	예시	설정 방법	점검 빈도
단기 목표 (1-4주)	스쿼트 10kg 증량, 푸쉬업 15개 달성	현재보다 10-15% 향상된 목표	주 1회
중기 목표 (1-3개 월)	자신의 체중만큼 데드리프트, 플랭크 2분 유지	단기 목표들의 집합, 측정 가능한 수치	월 1회
장기 목표 (6개월+)	풀업 5개, 체지방 18% 달성	변화된 라이프스타일을 반영한 목표	분기 1회
과정 목표	주 4회 운동 참석, 하루 2L 물 마시기	결과보다 과정에 초점, 습관 형성	주 1회
결과 목표	특정 체형 달성, 옷 사이즈 변화	최종 결과물 시각화, 명확한 기준	중장기 점검

목표 설정 SMART 원칙:

- Specific (구체적) - "근력 향상" 대신 "스쿼트 20kg 증량"
- Measurable (측정 가능) - 수치화된 목표

- Achievable (달성 가능) - 현실적이지만 도전적인 수준
- Relevant (관련성) - 전체 건강/체력 목표와 연계
- Time-bound (기한 설정) - "8주 후까지"와 같은 명확한 시간틀

6. 마인드 컨트롤 & 멘탈 강화 전략

전략	설명	실천 방법	적용 시점
운동 시각화	운동 전 성공적 수행을 머릿속으로 그림	눈 감고 완벽한 자세, 성공적 리프트 상상	운동 직전 1-2분
긍정적 자기 대화	부정적 생각을 긍정적 문장으로 대체	"너무 무거워" → "이 무게를 들 수 있어"	어려운 세트 직전
초점 만트라	집중력 높이는 짧은 문구 반복	"강함", "집중", "나는 할 수 있다"	고강도 운동 중
마음챙김 운동	현재 순간, 신체 감각에 집중	근육 수축, 호흡, 자세에 의식 집중	모든 운동 중
성취 일지	작은 성공, 돌파구 기록	무게 증가, 새 기술 습득 등 기록	매 세션 후

운동 중 정신력 강화 팁:
- 한계 도전: 계획된 반복 횟수보다 1-2회 더하기
- 불편함 받아들이기: 근육 피로를 두려워하지 않기
- 실패 프레이밍: 실패를 학습 기회로 보기
- 호흡 조절: 힘든 동작에서 의식적 호흡 유지

7. 일상 생활 속 근력 유지 전략

상황	실천 전략	구체적 방법	효과
사무실/재택 근무	마이크로 운동 세션	매 시간 2분 스쿼트/푸쉬업/플랭크	신진대사 유지, 혈액순환
출장/여행	최소 장비 루틴	밴드, 맨몸운동 미리 계획	근력 손실 방지
바쁜 일정	고강도 미니 세션	15분 서킷 트레이닝	시간 효율적 운동
사회적 모임	활동적 만남 전환	식사 대신 하이킹, 테니스 등 제안	지속적 활동성 유지

| 스트레스 상황 | 운동을 스트레스 해소법으로 활용 | 감정에 맞는 운동 선택 | 정신-신체 건강 연결 |

일상 속 근력 강화 습관:

계단 이용하기 - 엘리베이터 대신 계단, 두 계단씩 오르기
앉았다 일어서기 - 의자에서 팔 사용 없이 일어나기
물건 나르기 - 쇼핑백, 짐 등을 의식적으로 근력 기회로 활용
자세 체크 - 일상에서 코어 활성화, 어깨 뒤로 펴기
틈새 운동 - TV 시청, 전화 통화 중 스쿼트, 까치발 등 실행

8. 근력 운동 회복 최적화 가이드

회복 전략	설명	적용 방법	효과
적절한 수면	7-9시간 양질의 수면	일관된 취침/기상 시간, 어두운 환경	근육 회복, 호르몬 균형, 성장 촉진
액티브 리커버리	가벼운 활동으로 회복 촉진	걷기, 수영, 요가, 가벼운 사이클	혈액순환 촉진, 근육통 감소
폼 롤링 & 스트레칭	근막 이완, 유연성 증가	주요 근육군 5-10분씩 폼 롤링	근막 건강, 유연성, 통증 감소
콘트라스트 샤워			

추천사

이 책은 단순히 '누구를 지도했는가'라는 성과 중심의 관점에서 벗어나, 한 사람의 건강과 삶을 변화로 이끄는 과정 자체의 가치를 강조한다. 저자는 지도자의 역할이란 화려한 결과를 보여주는 것이 아니라, 눈에 보이지 않는 수많은 노력과 예상치 못한 변수들을 최선으로 발휘해 내는 과정에 있음을 일깨운다. 그 모든 과정이 디테일한 아름다움으로 비친다.

책 속에서 강조되는 세밀한 준비와 디테일의 힘은 단순한 건강 관리 차원을 넘어선다. 완벽함을 향한 태도와 마음가짐, 그리고 이를 뒷받침하는 꾸준한 노력이야말로 진정한 전문가를 만든다는 점을 저자는 일관되게 보여준다. 또한 건강을 다루는 데 있어 단순히 '몸'을 관리하는 것이 아닌, 마음의 변화를 중시하는 설계사로서의 관점은 새로운 울림을 준다.

무엇보다도 저자가 말하는 교감과 신뢰의 가치는 독자로 하여금 다시금 지도자의 본질을 생각하게 만든다. 상대의 삶을 함께 걸으며, 태도와 매너를 통해 신뢰를 쌓아가는 것이야말로 지속 가능한 변화를 만드는 힘이라는 것이다.

이 책은 건강과 삶을 다루는 모든 이들에게 단순한 지식 전달을 넘어, 사람을 바라보는 깊이 있는 시선과 태도를 제시한다. 지도자뿐 아니라, 자기 삶을 성찰하고 변화시키려는 모든 독자에게 깊은 울림을 줄 만한 책이다.

— **정덕조** (서원대학교 체육교육과 교수, 대한운동학회 회장)

AI 시대에 수많은 건강 서적이 범람하는 요즘 저자 해준은 단비가 가뭄을 해소해 주듯 사람들의 운동에 대한 의문점을 명쾌하게 해결해 줄 수 있는 20여 년 간의 현장 노하우를 방출하였습니다. 재벌 회장님들의 전담 트레이너로 현장에서 오랜 기간 활동하며 얻은 깊은 인사이트를 심도 있게 담아냈습니다. 따라서 독자들은 이 저서를 통하여 대한민국을 선도하는 비즈니스 CEO들의 심신의 조화적 발달을 도모하는 데 필요한 최고의 운동 지침서로서 단순한 운동 방법을 넘어 그들의 성공 노하우까지 배울 수 있을 품격 있는 기회를 얻게 될 것입니다.

— **김창균** (가천대학교 체육학과 교수)

저는 아시아 보디피트니스 그랑프리이자 전)국가대표로 활동한 변현선 대표입니다. 먼저 그동안 심혈을 기울인 건강 관련 도서를 출간하심에 진심으로 축하 드립니다.

20년 이상 피트니스 업계에 있으면서 수많은 건강 도서를 보아왔지만 해준 선생님의 이 책은 단순 이론서가 아닌 마치 야전사령관처럼 현장을 누비며 쌓아온 생생한 노하우와 깊은 통찰이 담긴 살아있는 이 시대에 필요한 지침서입니다.

해준 선생님과 저는 우리나라 퍼스널트레이너 1호인 동시에 20년 이상

한우물을 판 최고의 마스터트레이너로 특히 해준 선생님은 재벌 회장들 건강관리 담당 트레이너 중 상위 1프로 자타공인 웰니스 기획자입니다.

그 누구도 넘볼 수 없는 그의 수많은 경험과 테크닉의 화려함은 이 시대 트레이너들의 우상과도 같은 존재입니다.

따라서 이 책은 일반 건강 전문 서적을 뛰어넘는 생동감 넘치는 실전 테크닉 도움 서적으로 여러분들의 트레이닝 전문성을 한층 더 업그레이드해 줄 지침서가 될 것입니다.

마지막으로 이 책의 본질은 트레이너들에게 새로운 인사이트와 실질적인 가이드를 제공하며, 지금까지 경험해 보지 못한 전문 스킬을 전수 받으실 수 있으실 겁니다.

진정한 스트레칭 테라피가 지금 이 시대의 고질병적인 현대인들의 컨디셔닝 개선에 얼마나 시급하고 꼭 필요한 테크닉인지 이 책을 통하여 깨달아, 그 배움을 하루빨리 터득하시길 권장합니다.

— **변현선** (전 보디피트니스 국가대표/ 현 풀바디짐 대표)

이 책은 20년간 운동 분야에서 쌓아온 저자의 깊은 통찰로, 현실과 실용성에 기반한 건강관리 방법을 제시하고 있습니다. 바쁜 현대인을 위한 경제적 부담 없는 루틴부터, 기존의 건강

서와 확연히 구별되는 진정성 있는 접근법으로, 직장 내 웰니스 문화 확산까지 실질적 방안을 제시합니다. 초고령화 시대에 꼭 읽어야 할 웰니스 지침서이자, 전문 직업인으로의 자기계발서로 추천합니다.

— **도은주** 이사(CSO, 브랜딩 성장 코칭 멘토)

이 책은 상위 0.001%의 건강 철학을 모든 고객에게 적용할 수 있는 실용적인 무기로 만들어 줄 유일한 지침서입니다. 이 책을 통해 트레이너는 고객에게 인생의 근본적 변화를 선물하는 동시에 본인의 차별화된 가치를 증명할 수 있을 것이라 확신합니다.

— **송채겸** (트레이너 플랫폼 '피벗' 대표이사)

재벌 회장들의 몸을 설계한 남자

최상위 0.001%의 은밀한 세계, 그 곁을 지킨 남자의 기록

초판1쇄 : 2025년 9월 16일
초판2쇄 : 2025년 9월 25일

지은이 : 해준
펴낸이 : 김채민
펴낸곳 : 힘찬북스

북 코디네이터 : 유윤주

주 소 : 서울특별시 마포구 모래내3길 11 상암미르웰한올림오피스텔 214호
전 화 : 02-2227-2554
팩 스 : 02-2227-2555
메 일 : hcbooks17@naver.com

※ 이 책은 저작권법의 보호를 받는 저작물이므로 무단전재와 복제를 금합니다.
※ 잘못된 책은 구매하신 곳에서 교환해 드립니다.
※ 값은 표지에 있습니다.

ISBN 979-11-90227-64-3 03190 © 2025 by 해준